APAISER LES CONFLITS

Christian Aghre

... et vivre sereinement

jouvence ÉDITIONS

Du même auteur aux Éditions Jouvence :

Dépasser son sentiment d'insécurité
Mon Cahier poche : Je dépasse mon sentiment d'insécurité
Se déplacer et voyager sans stress

Catalogue gratuit sur simple demande
ÉDITIONS JOUVENCE
France : BP 90107 – 74161 Saint-Julien-en-Genevois Cedex
Suisse : Route de Florissant, 97 – 1206 Genève
Site Internet : www.editions-jouvence.com
Mail : info@editions-jouvence.com

ISBN : 978-2-88953-245-2

Maquette de couverture et réalisation : Éditions Jouvence
Maquette de mise en pages et réalisation : Sir
Dessin de couverture : Jean Augagneur

Sommaire

Avertissement

Les conseils pouvant relever de la santé ne sont fournis ici qu'à titre indicatif, dans un esprit de bonnes pratiques communément admises, et ne se substituent en rien aux avis médicaux indispensables à un bon équilibre tant physique que psychique.

Les exemples cités sont réels ; les lieux et prénoms ont été modifiés par souci de discrétion.

Introduction

Il existe une journée des conflits… comme il existe la fête des mères, la Saint Valentin, Pâques ou Noël mais aussi la fête des secrétaires, celle des voisins. Au milieu des journées mondiales des câlins, du chat, des statistiques, du psoriasis, il existe bien une « journée internationale pour la résolution des conflits », célébrée depuis 2005, le troisième jeudi du mois d'octobre.

Loin de nous l'idée d'aborder ici un sujet géopolitique tragiquement rémanent ; le conflit marque le temps des Hommes. Il n'est pas une séquence de l'Histoire de l'Humanité qui n'évoque une guerre ; nos souvenirs d'écoliers sont marqués par la litanie des conflits armés. En France, demandez quelles sont les dates facilement retenues autour de vous et l'on vous répondra : « 1515 – Marignan », « 1789 – la Révolution française » ; le concert des nations répondra : « 14-18 » et « 39-45 », tant les deux dernières Guerres mondiales ont marqué les esprits. On se rappelle encore la guerre de Trente Ans, de celle de Cent Ans ! Pour la majorité des pays francophones, l'indépendance marque la fin des conflits guerriers ou larvés.

Pas sûr que l'on ait la même mémoire des événements heureux et pourtant, la découverte de la pénicilline [1] – pour ne citer que cet exemple – a fait un bien fou à l'Humanité... Qui citera cette date spontanément ?

Si la gestion des conflits relève souvent des tribunaux, les magistrats peuvent être eux-mêmes confrontés à l'incohérence d'un système ; le Tribunal des Conflits a ainsi pour mission de résoudre les conflits de compétence entre les juridictions de l'ordre judiciaire et les juridictions de l'ordre administratif.

Qu'en est-il de notre quotidien ? De cette vie de tous les jours dans laquelle nous vivons depuis le milieu du xxe siècle ? Dans nos pays occidentaux, à l'exclusion de quelques professions particulières (soldats, forces de l'ordre et du maintien de la paix, journalistes, corps médical, ONG...), la plupart de nos concitoyens n'ont jamais rencontré de zone de conflit armé ; peu d'entre nous sont confrontés aux tribunaux. On ne peut que s'en réjouir !

Et pourtant, les conflits du quotidien sont réguliers mais ils prennent une autre forme, plus quotidienne à la maison, au boulot, dans les transports... Comment y faire face, en sommes-nous responsables, pouvons-nous les éviter, devons-nous nous en préserver ?

Un conflit épuise, dénature les relations que l'on a avec notre entourage, flétrit notre personnalité.

Le conflit individuel, intra-personnel, n'est pas développé ici. Conflits familiaux (divorces, héritages), intergénérationnels (crise d'adolescence) et avec des tiers (voisinage, professionnels) seront abordés car ils sont généralement ceux qui nous « pourrissent » la vie au quotidien. Ce sont ceux sur lesquels le développement individuel permet d'agir.

Entrer en période de conflit, c'est pénétrer dans une zone de turbulences dont on se remettra souvent à moyen et long terme. Comment progresser, mieux se connaître, aller vers l'autre, dans un environnement conflictuel ?

Voici l'ambition de ce livre qui s'appuie sur quelques bases théoriques et témoigne d'une longue expérience pratique. Tendez un doigt, tournez ces pages et progressons ensemble…

Les différents types de conflits

Il est de tradition de distinguer quatre sortes de conflits : **les conflits intra-personnels, les conflits interpersonnels, les conflits intra-groupes, les conflits inter-groupes.** Cette approche sociale et ethnographique est cohérente et largement documentée.

Mon approche me conduit à distinguer, dans le propos qui est nôtre, celui du développement personnel, trois types de conflits courants : le conflit familial, le conflit intergénérationnel, le conflit avec des tiers. Ils correspondent à la réalité de notre monde actuel tiraillé entre vie privée et vie professionnelle, fait de compétition, de recherche de sens et de positionnement, de l'apparente mise en avant de la valeur personnelle au détriment de l'intérêt collectif.

Dans tous les cas, le conflit engendre un préjudice (d'ordre moral ou financier) et se traduit par une absence de solution amiable dans une situation d'opposition, subie ou provoquée. Le conflit s'inscrit dans la durée, il s'agit sinon d'une dispute passagère.

Le conflit familial

La vie est ainsi faite, pleine de bonheurs et d'unions, de séparations et de pertes. Après le soleil vient la pluie, après la lumière la pénombre. Mais soleil et lumière reviennent toujours !

Abordons deux périodes particulièrement critiques, celle d'un divorce, celle d'un décès. Dans les deux cas, l'argent est bien souvent le principal catalyseur de conflit.

Certes, la mésentente, l'absence de dialogue, la duperie, l'excès, l'ennui sont parmi les sources les plus courantes du divorce. Deux êtres qui se sont aimés, ou l'ont cru suffisamment pour se marier en arrivent à un point de non-retour qui les conduit à divorcer. Dans nos pays, empreints de culture judéo-chrétienne, le mariage était l'institution reine, garante de pérennité, de protection, de sécurité de l'épouse et des enfants principalement. S'il est aisé de se marier (quelques formalités, une promesse devant Monsieur ou Madame le/la Maire et le tour est joué), le divorce contrarie l'ordre social établi et remet en question le statut juridique des personnes et des biens. Période de stress extrême au cours de laquelle les intéressés se montrent souvent d'une extrême mauvaise foi, le divorce illustre le conflit familial de plus en plus commun. Près de 45 % des mariages se terminent par un divorce dans les pays occidentaux.

« Aux enfants, il faut laisser un bel héritage de conscience plutôt que d'or »,
nous dit Platon,
quatre siècles avant notre ère[2].

Le décès d'un proche parent est également une source régulière de conflit familial. La tension née de cette perte accentuée par les problèmes d'héritage génère des sources de conflits familiaux souvent pathétiques. L'appétit des uns se réveille, la fratrie se déchire, les conjoints de bonne foi, par amour ou par intérêt, attisent les héritiers. Les interactions croissent en nombre, les vieilles rancœurs se réveillent.

Le passage devant le notaire est sujet à de nombreuses surprises ou déceptions ; les secrets de famille volent en éclats.

Témoignage : Norbert, 45 ans, notaire en zone rurale, a un regard expérimenté sur son métier : *« J'ai fait valoir auprès de la chambre des notaires combien il serait utile de sensibiliser les futurs confrères à l'aspect psychologique du métier. Certaines réunions me demandent un effort particulier ; il me faut souvent recourir à un minimum de fermeté pour conserver la distance nécessaire avec les familles et m'abriter derrière le Droit. Mon empathie a sérieusement reculé depuis une dizaine d'années. Pourtant, je comprends la déchirure, les surprises, les déceptions vécues l'espace d'un instant. »*

La multiplication des familles recomposées et leurs combinaisons possibles promettent à l'avenir des jours heureux ; elle accroît également des sources de conflits décuplées par des modes de vie et des approches socio-éducatives totalement différentes.

Chacun pourra comparer sa propre situation et évaluer le risque de friction familiale en utilisant le tableau suivant. Plus l'on sort des normes traditionnellement reconnues dans un espace-temps donné, moins sont grands les risques de mésententes familiales. Il ne s'agit pas de contrarier le cours de sa vie, mais de prendre conscience des difficultés à venir, de pouvoir ainsi y faire face plus aisément et d'anticiper la réaction d'autrui.

Un exemple : *Bernard et Mourad, la cinquantaine, s'aiment et décident de vivre ensemble. Issus pour l'un d'une famille rurale et conservatrice, pour l'autre d'un pays musulman, ils ont eu une première vie, une épouse, des enfants avant de divorcer. Ils se posent la question de savoir s'ils commencent par une union simple, un Pacs ou s'ils se marient directement, maintenant que cela est possible en France. En remplissant ce tableau, ils orientent leur réflexion et envisagent les difficultés à affronter (regard des autres, réticences familiales, héritages, voyages à l'étranger...).*

Type de famille			Traditionnelle	Unipersonnelle	Homosexuelle H	Homosexuelle F
Contrat	Fratrie unique	Famille recomposée				
Union simple						
PACS						
Mariage						
Séparation						
Divorce						

Figure 1 : Sources de frictions familiales

Le conflit intergénérationnel

Le conflit intergénérationnel n'est pas un conflit uniquement familial, il peut s'exprimer en-dehors du cercle familial.

Dans le cercle familial, l'entrée dans l'adolescence marque souvent le début d'une période difficile à gérer. L'adolescence est en effet une période critique. Le corps change sous l'effet de décharges hormonales régulières. L'enfant devient adulte, il le constate et aborde cette transition avec bravade la plupart du temps tout en essayant de refouler une angoisse sourde. Les parents sont souvent démunis ; bien qu'anciens adolescents eux-mêmes, ils ne savent pas comment gérer cet adulte en devenir qu'est leur enfant. L'un cherche à définir son territoire et à s'imposer, l'autre tente de protéger et de se faire respecter ; le jeune provoque, l'adulte sur-couve. Deux forces en présence s'affrontent avec plus ou moins de violence.

En dehors du cadre familial, l'adolescent peut être tout aussi turbulent. Le conflit s'étend dans la sphère éducative. Professeurs, moniteurs, entraîneurs sont également confrontés à cette situation critique. La situation se complexifie dès lors que les relations se tendent entre les différents acteurs : le rapport à deux devient rapport à trois, rendant possibles toutes les situations, tous les sentiments.

Témoignage : Agnès, 41 ans, mère de Noah, 16 ans, rapporte : « *Mon fils m'exaspère et je comprends son professeur principal et ses récriminations. Mais il s'agit avant tout de mon propre enfant et je ne peux tolérer les remarques acerbes de ce professeur qui ne connaît rien à notre vie familiale et me parle comme à une de ses élèves.* »

Le conflit intergénérationnel se poursuit parfois au long des années et envenime les relations intrafamiliales sur de longues périodes. « On choisit ses copains, mais rarement sa famille », disait Renaud[3], et c'est pourtant au sein de cette famille ou en son absence que se crée l'individu, que naissent ses forces et ses faiblesses, que s'ancrent ses racines.

Les changements sociétaux créent de nouvelles zones de friction : après la génération « Tanguy », la génération « Boomerang ». Il ne s'agit plus de jeunes adultes qui ne veulent plus quitter le cocon familial mais d'adultes qui rentrent chez leurs parents en cours de vie, bousculés par un divorce, un licenciement professionnel, voire les deux.

Inversement, l'attitude des parents à l'égard de leurs enfants et petits-enfants génère souvent des frottements.

La préparation du mariage peut être une période de crispation ; mariage « moderne » ou mariage « traditionnel », qui choisit ? Les payeurs qui sont souvent les parents, ou les futurs mariés ?

Le compromis est de rigueur, la tradition apportant son lot d'expériences et de bon sens, la modernité son dynamisme. L'objectif n'est-il pas le plaisir et le bonheur des futurs épousés ?

Quant à l'éducation des petits-enfants, elle entraîne, elle aussi, des incompréhensions : il n'existe pas d'école des parents qui viennent chercher auprès de leurs aînés une aide compatissante et cependant, l'éducation (hormis quelques rares situations) appartient aux parents ! Le rapport entre petits-enfants et grands-parents est un lien différent qu'il faut respecter et encourager.

Témoignage : Alexandre, 32 ans, marié, père de deux enfants : *« Je ne comprenais pas pourquoi j'étais toujours à cran pendant nos vacances familiales. En réalité, je me faisais une image idéale de l'attente de mes parents et de mes beaux-parents ; je voulais que tout soit parfait, qu'ils ne doutent pas combien leurs petits-enfants étaient polis et bien élevés. Une discussion avec ma belle-mère m'a soulagé ; j'ai compris qu'il fallait rester soi-même, que les règles sont différentes d'une maison à l'autre, d'une génération à l'autre. »*

Le dialogue est incontournable, il permet aux grands-parents de comprendre l'éducation que les parents donnent à leur progéniture mais il autorise aussi les anciens à convaincre leur descendance que leur rôle est autre.

Le conflit avec un tiers

Le conflit avec un tiers peut avoir un caractère intergénérationnel, mais ce ne sera pas ce qui le caractérisera le plus. La relation conflictuelle ne se situera pas dans le cadre familial mais bien en dehors : voisinage, travail.

Source d'enrichissement, de valorisation de soi et d'acquisition permanente de savoirs et de compétences, le monde du travail n'en est pas moins une source de conflits souvent dénoncée mais régulièrement constatée. On y retrouve en effet tous les stimuli du conflit interpersonnel exacerbés par une période de tension sur le marché de l'emploi qui caractérise le début du XXIe siècle.

Jalousie, stress mal géré et répercuté sur les collaborateurs, insuffisance du nombre des formations continues qui permettraient de remettre chacun à niveau, crainte de perdre son emploi sont autant d'éléments favorables à l'apparition de sévères conflits professionnels. Les mutations profondes qu'imposent les nouvelles technologies accroissent ces risques : isolement du travailleur distant puis absence d'intimité en *openspace*, anonymisation des partenaires : le courriel se substitue à l'appel téléphonique qui, lui-même, limite les contacts directs. La course au temps inscrit le travailleur dans un rythme effréné qui ne l'autorise plus à prendre le temps nécessaire à la réflexion pertinente.

Le harcèlement inconscient devient un mode de management ; le harcèlement conscient, un moyen de pousser à la faute ou à la démission. La prise de conscience à la fin du XXe siècle du phénomène et sa judiciarisation dans la plupart des pays permettent de mieux connaître et de réprimer le harcèlement professionnel, moral ou sexuel. Pourtant, nombreuses sont encore les victimes ignorantes de leurs droits ou qui n'osent s'exprimer, oppressées par le stress, la pression sociale ou familiale.

Comprendre les conflits

Le conflit se caractérise par une situation tendue entre personnes ou entités. Le conflit se définit traditionnellement comme une rencontre d'éléments, de sentiments contraires, qui s'opposent. Un conflit, c'est un choc, une opposition qui se matérialise à travers une succession de heurts, de querelles, de mésententes et dont l'issue est longue à trouver sans accord des deux opposants.

Un conflit impose la présence de deux antagonistes ; sans pour autant être également partagé. L'un des protagonistes n'a parfois pas conscience de générer ce conflit. Le conflit est ouvert quand il est partagé, fermé quand une seule partie en a conscience.

Un conflit ne naît pas spontanément. Même s'il peut s'inscrire dans une échelle de temps (du début à la fin), son origine profonde est souvent liée à des facteurs internes ou externes dont l'évidence n'apparaîtra qu'à la naissance du conflit ou durant sa résolution. En comprendre la source permettra d'y apporter remède mais également d'éviter que le conflit s'épanouisse sur un terreau favorable. En dehors du « conflit intérieur », la situation met en lice au moins deux personnes agissant en leur nom, au nom d'une autre personne physique ou en celui d'une personne morale (entreprise, administration…).

On distingue les conflits froids (à long terme, sans expression, larvé, qui peut durer quasi infiniment) des conflits chauds (avec explosion et comportements agressifs, cris, douleurs apparentes).

Si l'on se sent au centre d'un conflit, autant essayer de l'identifier rapidement. Un simple tableau permet d'orienter sa pensée. On inscrira dans les cases les éléments qui permettent de caractériser ledit conflit (personne incriminée, éléments justificatifs…). Ce tableau s'enrichira au fur et à mesure.

Moi (*mon prénom*)	Conflit fermé	Conflit ouvert
Conflit froid		
Conflit chaud		

Figure 2 : Tableau d'identification du conflit

Comprendre les conflits impose d'en remonter à la source ; on y perçoit souvent un terrain favorable et les recettes d'un développement croissant. Le conflit est une mauvaise plante qui s'enrichit d'un terreau favorable, croît rapidement et demeure difficile à éradiquer.

Un terreau favorable

Un conflit ne naît pas de manière spontanée. Il s'enracine et croît dans un milieu propice.

Les facteurs d'enracinement du conflit tournent autour de mécanismes connus de tous et de longue date. Toutes les religions, toutes les philosophies, toutes les approches humanistes les dénoncent. Ils ont pour nom rancœur, jalousie, impolitesse, médisance, haine, racisme… Complétez la liste à l'envi ! Vous y retrouverez tous les travers de la nature humaine. Autant d'éléments favorables à l'excitation des rapports de force dans une optique négative.

Le terreau du conflit génère une relation perdant/perdant quoi qu'en pense celui des deux qui a le sentiment qu'il gagnera à terme. Ce sentiment de victoire finale gagne parfois les deux protagonistes qui se nourrissent de cette rancœur permanente. Le cercle vicieux s'engage alors dans lequel naît une sensation positive, celle de bientôt gagner, alors même que cette relation se nourrit de négatif accumulé. L'énergie dépensée à mener à bien ce « combat » est, à bien des égards, inutile : elle aurait utilement pu être employée à une action positive, visant au bien individuel et commun ; elle génère pour qui sait s'auto-évaluer une grande frustration à terme.

Témoignage : Max, patron de PME, la cinquantaine, divorcé : *« Je suis sorti totalement épuisé de mon divorce, prononcé il y a cinq ans maintenant. Durant la procédure de divorce, j'avais développé une rage à l'égard de ma future ex-épouse dont je suis le premier surpris maintenant. Tout y est passé : injures, cris, alcool, mauvaise foi. J'avais le sentiment de mener un combat. Avec le recul, je me rends compte de la bêtise dont j'ai fait preuve. Comment ai-je pu être assez sot pour traiter ainsi la mère de mes enfants, que j'avais pourtant aimée ? Je n'ai pas vu que je me suis rendu ridicule également et que toute cette énergie m'a éloigné de mes enfants, de mon entreprise, de mes amis. Je suis passé au bord de la faillite et j'ai tout à reconstruire maintenant. »*

Un développement immédiat

Les travers d'enracinement du conflit (rancœur, jalousie, impolitesse, médisance, haine, racisme…) sont souvent entretenus par des effets catalyseurs : peur, insécurité ou sentiment d'insécurité, mécompréhension, absence de dialogue, sentiment de supériorité… Le sentiment primaire est complexifié par un sentiment secondaire.

L'effet démultiplicateur du sentiment secondaire peut aussi provenir du déclenchement d'un sentiment opposé au sentiment primaire ; ainsi, la haine se nourrit souvent d'amour ; la peur peut naître d'une préalable confiance (je connais l'autre, je sais de quoi il est capable). Les rapports amour-haine sont ainsi d'une grande complexité et entretiennent souvent, dès l'origine de la relation, un conflit à naître.

L'exacerbation d'un sentiment basé sur une fêlure conduit également à l'éclatement du conflit : une grande jalousie aggravée par une période de mal-être peut ainsi entraîner l'épanouissement d'un conflit amoureux ou professionnel.

Témoignage : Abilene, cheffe de département, 43 ans, sans enfant *: « Je le reconnais,* avoue-t-elle avec humilité. *Quand ma collaboratrice, de dix ans ma cadette, rentrant de congé de maternité, s'est vue proposer un stage dont je savais qu'il la conduirait rapidement à occuper un poste identique au mien, je n'ai eu de cesse que de lui faire renoncer à cette opportunité. Ainsi, ce que je conviens maintenant d'appeler "harcèlement" a commencé. »*

Le développement du conflit fait apparaître la nature du préjudice. Le préjudice peut varier au cours du conflit : il conviendra de définir ce qui a été perdu (quel bien, quel avantage) mais également ce qui vous a été nuisible, ce qui va à l'encontre de votre personne, votre bien-être, votre écologie.

Témoignage : Jean-Paul, 51 ans, directeur informatique : *« Mon licenciement était évidemment abusif, c'est comme cela que je le percevais. C'est pour cela que j'ai amené mon ancien employeur devant le tribunal des prud'hommes. Au fur et à mesure de la procédure, j'ai pris conscience au-delà de la perte financière du préjudice moral que j'avais subi à travers une mise au placard injuste. J'ai regagné confiance en moi et obtenu gain de cause. J'étais satisfait de voir que l'entreprise n'a pas fait appel de la décision, ce qui mettait un terme définitif à ce conflit. »*

Remonter à la source

Pour apaiser un conflit, encore faut-il en comprendre les raisons. Un travail d'introspection est souvent nécessaire qui permettra de remonter à la source de la querelle. La notion de conflit sous-entend une durée de l'événement ; le conflit s'inscrit dans le temps. Il ne s'agit sinon pas d'un conflit mais d'une réaction épidermique ou d'une colère passagère, d'une brève dispute. La source en est parfois inconnue ou incomprise. Sans ce travail d'archéologue des souvenirs, aucune action positive durable ne pourra être menée.

Témoignage : Chantal, 47 ans, mère de deux enfants, infirmière à domicile, vit dans un village serein mais n'arrive pas à faire la paix avec sa voisine, veuve depuis cinq ans. Tout est source de conflits : alternativement, le coq des voisins la réveille le dimanche, son propre chat fait peur à leurs poules, les branches des arbres empiètent chez l'un et l'autre. « *Nous nous regardons mutuellement en chiens de faïence, incapables de nous dire bonjour. J'ai toujours connu cela, même du temps de mes parents dont j'ai hérité de la maison à leur décès il y a dix ans. Cette situation me pourrissait la vie. Il y a un an, la voisine, de l'âge qu'auraient mes parents, a eu besoin de soins à domicile. Faute d'autre infirmière dans un rayon d'une vingtaine de kilomètres à la ronde, elle est venue sonner à ma porte un soir, l'air contrit. Au fil des soins, nous avons discuté et fait connaissance. Enfin ! dirais-je. La guéguerre entre nos familles date d'une trentaine d'années autour d'une vague histoire de délimitation de terrain et de paiement de la clôture. J'ai vérifié auprès de notre notaire et de la mairie, il n'y a aucune complication juridique, il n'y a aucun litige pendant. La paix est revenue d'autant plus vite que cette dame est charmante ! Elle prend dorénavant plaisir à nous rejoindre pour un café ou un déjeuner...* »

Cet exemple est tristement quotidien. La rivalité que vivent, depuis des générations, des familles du bassin méditerranéen n'est pas qu'une source d'inspiration ; il s'agit bien d'une réalité partagée par de nombreuses familles. De même, depuis *Roméo et Juliette*, la rivalité entre Capulet et

Montaigu a été reprise par de nombreux auteurs et scénaristes ; le fond en est toujours le même, l'issue plus ou moins malheureuse. Au-delà de la fiction, les faits divers nous rappellent régulièrement l'issue tragique de bien de ces rivalités aux origines incertaines.

Dans tous les cas, remonter à la source du conflit permet d'en connaître la cause ou du moins d'en dessiner les origines qui ne sont pas nécessairement lointaines, d'en avoir une approche éclairée et objective et de poser sur la table les vrais motifs. Pour mieux comprendre cette approche à froid, imaginons une pelote de laine totalement emmêlée : on ne sait que faire de la laine et si l'on tire sur l'un des bouts, la pelote ne fait que se resserrer et ne peut plus faire usage. En la démêlant patiemment, on parvient enfin à reconstituer une pelote bien ordonnée et réutilisable. C'est l'attitude patiente qu'il convient d'adopter pour remonter à la source de tout conflit.

Les facteurs de conflits

Quel élément provoque un conflit ? Au-delà du caractère spontané que peut revêtir une simple dispute, quels facteurs peut-on retenir qui permettraient de caractériser un conflit ? Trois sont réguliers : **un sentiment d'injustice, une absence de dialogue, une insistance inutile.**

L'injustice

L'injustice est certainement l'un des premiers facteurs de conflits. Il naît soit d'un mensonge, soit d'une absence de respect du cadre, soit d'une mécompréhension.

- **Le mensonge** est un facteur de conflit particulièrement compréhensible : se sentir victime d'un mensonge revient à se sentir trahi. La confiance chute et les explications données par son interlocuteur perdent rapidement de leur poids.

Témoignage : Carmen, 36 ans, assistante dentaire : *« Comment pouvais-je dorénavant lui faire confiance ? Mon patron est un menteur né. Sans me mêler de sa vie privée, notre proximité professionnelle me conduit* *à entendre nombreuses de ses conversations familiales. Il ment comme un arracheur de dents, c'est vraiment le cas de le dire ! Il m'a promis une première augmentation il y a dix-huit mois et me fait lambiner depuis. Lorsque j'insiste, lui rappelant ses promesses, il monte sur ses grands chevaux ; je ne supporte pas cette attitude hautaine et condescendante, nous allions entrer en voie de conflit ; la tension était permanente. J'ai rapidement compris qu'il était un menteur né, peu m'importe ses raisons. J'ai trouvé un nouvel emploi et suis partie sans regret. »*

- **L'absence de cadre** : la vie en société nécessite un cadre. Il est défini par la loi, le règlement, la codification sociale qui n'a pas toujours besoin d'être précisée mais permet cette harmonie générale dont les règles sont portées par l'usage, la tradition, le savoir-vivre, voire le protocole. La rupture de ces règles entraîne une mise en situation décalée par rapport à l'attente générale : celui qui respecte les règles est défavorisé par rapport à celui qui s'en moque. L'injustice est difficilement supportable et conduit à l'appel d'une compensation. Le conflit est donc réglé par les institutions (police, justice, médiateurs…) ; s'il ne l'est pas, il sort du cadre et devient un conflit très personnel dont l'issue est souvent tout aussi injuste que l'injustice dénoncée. Vengeance n'est pas justice !

- « Je ne comprends pas ce que vous dites », **l'incompréhension** est tout à la fois un facteur déclencheur et un catalyseur de conflit ; cet aspect sera traité au chapitre « Les éléments catalyseurs ».

Enfin, on se méfiera tout particulièrement de la distance qui existe entre injustice réelle et sentiment d'injustice au même titre qu'il existe une différence réelle entre insécurité et sentiment d'insécurité[4].

L'absence de dialogue

Combien de conflits auraient été évités si les deux protagonistes avaient pris la peine de se parler préalablement ? On ne le saura jamais, bien évidemment, mais tout le monde en est conscient !

« Le dialogue paraît en lui-même constituer une renonciation à l'agressivité »,
nous enseigne Jacques Lacan[5].

L'absence de dialogue rend le conflit inévitable : aucun des acteurs ne peut proposer son point de vue ; aucun ne s'enrichit de la connaissance de l'autre, pas plus que de sa diversité. La porte est alors grande ouverte à l'interprétation. « Je sais bien ce qu'il pense ; il ne le dit pas mais c'est tout comme », « Tiens, je croyais qu'il n'aimait pas ceci ou cela »... La parole est bloquée et cette réticence à parler à l'autre conduit à ne plus l'écouter non plus.

La parole est comme une porte de grange. Faute de l'utiliser régulièrement, la porte gonfle sous l'effet de l'humidité, de la chaleur, du vent, successif ; les gonds rouillent ensuite faute de graisse. La porte est bloquée.

La parole est cette porte qu'il faut débloquer si on veut l'utiliser à bon escient. Il ne s'agit pas là naturellement de soigner les troubles du langage qui relèvent du corps médical mais bien de débloquer la capacité à échanger, à se tourner vers l'autre, à exprimer ses doutes et ses besoins. Entre crainte, timidité, absence de confiance en soi, les motifs de cette parole bloquée sont variés. En prendre conscience et les affronter permet de franchir un pas décisif.

Exercice

Un exercice simple permet de franchir le premier pas : il consiste à sortir de chez soi et à s'adresser à un inconnu dans une situation différente de celle que l'on pratique habituellement. Dans la rue : *« Bonjour, monsieur, pouvez-vous m'indiquer la place du Théâtre, s'il vous plaît ? »* ; dans l'ascenseur : *« Bonjour, madame, je vous croise régulièrement, vous travaillez bien à la comptabilité, n'est-ce pas ? »* ; dans le bus : *« Pardon, jeune homme, je souffre du dos, auriez-vous l'amabilité de me céder votre siège ? »*

L'appréhension première cédera la place à l'enthousiasme et au sentiment de bien-être qu'apporte un succès. Succès après succès, viendra alors le temps d'aborder directement celui ou celle avec lequel ou laquelle on redoute un entretien, l'issue sera toujours de meilleur aloi qu'un blocage conflictuel.

La parole s'intègre également dans un dispositif plus complexe, celui de la communication non verbale à travers laquelle l'on décryptera les premiers signes d'un échange, la fausseté d'un propos, l'attente bienveillante d'un regard, la spontanéité d'un sourire. Ce que je dis doit correspondre aux messages non verbaux que j'envoie ! Ce que j'entends sera analysé par ce que je vois de l'autre, ce que je ressens de sa personne, de sa gestuelle, de son expression.

> *« Ne crois pas au sourire des lèvres*
> *que n'accompagne pas le sourire des yeux. »*
> **Adolphe d'Houdetot**[6]

La parole gagne en profondeur et en douceur dès lors qu'elle respecte les principes de la Communication Non Violente® (CNV) fort bien étudiée par Marshall Rosenberg. La communication devient bienveillante, nécessite une connaissance de soi suffisante pour aller plus aisément vers l'autre et lui parler sans reproche, sans jugement ni agression, tout en livrant ses propres sentiments.

Témoignage : Virginie, 55 ans, cadre de transition : *« Je n'avais pas aimé la manière dont un collaborateur m'avait répondu devant toute mon équipe en comité de direction. J'étais assez surprise de sa réaction, lui pourtant neutre habituellement. J'ai préféré ne pas répondre du tac au tac. Je l'ai invité dans mon bureau le lendemain pour un entretien sur un tout autre sujet. À l'issue, je lui ai dit que je n'avais pas apprécié son attitude la veille. Je lui ai décrit la situation avec calme, de la manière la plus objective possible. Il a bien réagi, a compris mon point de vue, a présenté le sien tout en reconnaissant sa réaction peu appropriée de la veille. Il s'en est excusé. Nous sommes repartis du bon pied, sans que ne naisse la moindre hostilité entre nous. »*

L'insistance

Errare humanum est, perseverare diabolicum, dit la maxime latine : l'erreur est humaine, la persévérance (dans l'erreur) est diabolique. Les Romains en étaient déjà conscients ; la persévérance à mauvais escient a des effets négatifs et conduit au conflit de manière assez constante. Il est des situations qu'il faut savoir cesser ou tout au moins pour lesquelles un pas de côté est nécessaire.

L'usage des nouvelles technologies est révélateur de ce type de comportement. L'usage du courriel conduit souvent à une logorrhée inappropriée et facteur de conflit : le rédacteur est soumis à un sentiment de stress provoqué par la distance et l'absence de face-à-face, par la fausse urgence d'une réponse attendue, par la volonté de briller devant l'ensemble des lecteurs mis en copie. Le monde du travail fourmille de ces escalades de situations tout aussi difficiles à gérer si ce n'est par le recours à une solution très simple : cesser l'échange par courriel, provoquer une réunion physique et avancer ainsi. La raison revient très vite dans la majorité des cas, tant que la réunion a été correctement organisée et gérée. Si nécessaire, après une bonne séance durant laquelle tout le monde s'est défoulé et a appris à se connaître, une réunion très ordonnée suivra et qui permettra de mettre les choses à plat. On sera ainsi passé du « brainstorming » à la réunion constructive qui en découle sans passer par la case « crise ».

Les cas de harcèlement moral ou physique sont ainsi souvent désamorcés dès lors que le harcelé répond rapidement par un signal négatif au harceleur.

Témoignage : Alexandre, 30 ans, ingénieur commercial : « *L'un de mes chefs avait pour fâcheuse habitude de choisir une tête de Turc dans son équipe et de lui mettre la pression. Jeune arrivé dans* *l'équipe, j'en ai rapidement fait les frais. Ce boss avait pour manie également de donner un petit coup de son index droit dans l'abdomen de celui qu'il avait choisi comme victime. Il ponctuait le tout d'un sourire narquois. Les femmes avaient droit à un coup d'index sur le front, d'un air paternaliste. Le jour où il a essayé de le faire sur moi, je l'ai laissé faire mais j'ai contracté mes abdos en lui disant qu'il allait se faire mal en le regardant bien dans les yeux et en souriant. Le message était clair de part et d'autre, j'avais compris son jeu et décodé son message symbolique ; il n'a jamais recommencé. J'ai compris depuis que ce n'était pas du harcèlement mais une manière de nous tester, celui qui résistait acquérait sa confiance ; il y a plus subtil, me semble-t-il... »*

Appréhender les conflits

Appréhender, un joli verbe à deux sens : se saisir mais aussi redouter. Bel exemple de la complexité de la langue française mais aussi belle illustration de notre propos. Redouter un conflit est parfaitement compréhensible, mais seule la prise de conscience, la prise en main de la situation, permettra de résoudre cet obstacle. « La vie n'est pas un long fleuve tranquille », fait dire Chatilliez[7] à son héroïne. Et pourtant, si l'on aborde les situations avec courage et dynamisme, beaucoup d'obstacles s'effacent.

Anticiper

Rare est le conflit qui apparaît spontanément. Nous l'avons vu précédemment, le conflit survient souvent de manière sourde et s'alimente. Une bonne solution consiste à anticiper les conflits à venir et pour cela, il n'est de meilleure solution que l'instinct et un peu de travail.

L'instinct à n'en pas douter nous ramène à notre état premier, celui de l'animal. Il s'agit d'un savant compromis entre expérience, mémoire ancestrale et activation de nos sens. Notre approche scientifique et cartésienne aurait tendance à écarter ce don de la nature. Quel dommage !

> *« Ceux qui ont marché dans la vie*
> *sous la bannière de l'instinct sont beaucoup*
> *plus propres à recevoir la lumière*
> *que ceux dont l'esprit et le cœur se sont usés*
> *dans la subtilité de ce monde*[8]. »
> **Honoré de Balzac**

La nature nous a doté de sens que notre cerveau analyse. Cette analyse ne doit pas être écartée.

Témoignage : Laetitia, 39 ans, comptable : « *J'ai été démarchée par trois entreprises différentes à des salaires variables. Je n'ai pas retenu les deux plus rémunérées car mon instinct me disait que je ne m'entendrais ni avec le DRH pour l'une, ni avec mon futur patron dans l'autre. J'ai préféré renoncer au profit de la troisième et ne le regrette pas. Je ne peux pas l'expliquer rationnellement, c'est purement une intuition. Je suis dans cette boîte depuis cinq ans, dans une ambiance chaleureuse et décontractée qui me convient ; entre-temps, l'entreprise a crû, mon poste a évolué, les salaires ont été augmentés, que demander de plus ?* »

L'instinct ne suffit pas toujours à sentir les conflits à venir, un peu de travail aide.

Témoignage : Sandra, la quarantaine, mariée, trois enfants, était sous-officier dans l'Armée de terre. Elle y a passé quinze ans et s'est reconvertie dans le civil ; elle dirige une équipe d'une quinzaine de personnes dans une entreprise d'usinage mécanique *: « En arrivant dans cette entreprise, j'ai accumulé tous les éléments de nature à entrer rapidement en conflit avec mes collaborateurs : je suis une femme, avec un passé et des méthodes militaires, l'usinage n'est pas mon cœur originel de métier. Mon chef direct est parti rapidement à la retraite et le nouveau m'a rapidement draguée. J'ai repris les méthodes que ma carrière militaire m'avait apprises : identifier le risque, le nommer, cerner les éléments en présence, rechercher mes alliés, affronter rapidement la situation avant qu'elle ne dégénère. J'ai donc travaillé chacun des points : j'ai demandé une formation dix jours après avoir pris le poste, pour affiner ma connaissance en usinage ; j'ai reçu chacun de mes collaborateurs pour briser la distance tout en maintenant la hiérarchie, discuté avec les syndicats (ce que je ne connaissais pas dans le monde militaire). Et surtout, j'ai signifié très gentiment mais fermement à mon nouveau chef que sa drague n'avait aucune chance d'aboutir et que je ne succomberai à aucune forme de harcèlement. La situation est maintenant stable ; je n'ai à ce jour connu aucun conflit. »* Bravo, chef !

Enfin, lorsqu'un conflit éclate, il faut immédiatement le prendre à bras-le-corps et réagir.

Agir

La politique de l'autruche, qui consiste à mettre la tête dans le sable et ne pas aborder un sujet, n'a aucune issue en matière d'apaisement des conflits. Le conflit bien au contraire doit se prendre à bras-le-corps : une belle expression à imager pour se donner le courage d'affronter la situation. Croire qu'en laissant passer, en attendant des jours meilleurs, la situation s'arrangera seule, est illusoire. Au contraire, le temps qui passe à ne rien faire favorise la position de l'adversaire (le terme est guerrier mais il permet d'illustrer plus facilement le propos) et lui coupe l'herbe sous le pied (encore une belle image à retenir). Le plus difficile également est de faire le premier pas.

Prenons quelques exemples :

- votre adolescent vous manque de respect : ne rien dire une fois passe, ne rien dire plusieurs fois sera certainement compris comme un abandon ;
- votre conjoint(e) a entamé une procédure de divorce : soyez réactif(ve), la situation est complexe, mérite de faire face et de défendre au minimum son point de vue, au maximum ses droits ;
- votre chef vous harcèle : renseignez-vous immédiatement sur vos droits, prenez note de toutes ses incartades, parlez-en à vos proches, engagez un avocat…

Agir permet soit d'arriver rapidement à la résolution du conflit : la partie adverse ne s'attendait pas à votre réaction, elle déclare forfait. Autre hypothèse, l'autre demeure dans le conflit, estimant sa position légitime. La vôtre vous paraît tout autant conforme. Il faut aller de l'avant.

Le premier réflexe sera **d'analyser la situation et de chercher à garder la tête froide**, de procéder à une analyse la plus objective possible. Cette analyse critique, durant laquelle vous ferez œuvre d'humilité et de tolérance, vous conduira à répondre à une première question : de quoi s'agit-il ? Vous pourrez ensuite progresser et vous poser les questions qui en découlent : quel est le grief, comment en sommes-nous arrivés là, quels sont mes torts, quels sont mes droits ? Vous envisagerez ensuite les axes de progrès et travaillerez sur les différentes issues envisageables.

Exercice

Concentration et image projetée : asseyez-vous à une table (un fauteuil ou une chaise feront l'affaire tant que vous vous y sentez bien). Une feuille sur la table, un stylo agréable. Commencez par rechercher le calme et la concentration à travers quelques exercices de respiration. Fermez les yeux et concentrez-vous sur l'image de votre conflit. Une personne, une scène, un lieu apparaissent. Projetez votre image et faites face. Vous êtes bien campé(e) sur vos deux pieds, les mains sur les jambes en position semi-fléchie. Vous vous sentez bien et fort(e). Respirez fortement puis ouvrez les yeux et écrivez sur deux colonnes ce qui représente l'autre, ce qui vous représente. Fermez les yeux à nouveau puis imaginez un dialogue entre l'autre et vous, dans lequel vous expliquez votre point de vue de manière ferme mais posée. Respirez fortement, ouvrez les yeux et écrivez. Procédez ainsi tant qu'il vous apparaît nécessaire. Un premier pas est franchi…

Tenir le cap

Vivre une situation conflictuelle demande de l'énergie pour aborder la situation mais également pour maintenir la distance. L'action se traduit par la définition d'une stratégie qui permet de garder un cap à long terme ; cette stratégie impose volonté et prise de conscience de la nécessité de tenir dans la durée.

En effet, la gestion du conflit ne progresse pas de manière linéaire ; il s'agirait alors d'une situation commune dans laquelle ne s'exprimeraient ni violence, ni acrimonie. Le conflit est par essence source de rage, de volonté de nuire, d'aboutir. L'avancée du conflit est irrégulièrement sinusoïdale et traverse des phases d'agacement, de calme, d'énervement, d'impatience, d'attente, d'espoir, de sentiment d'aboutissement, de rechute, d'agacement à nouveau jusqu'au terme du conflit. Sa représentation peut correspondre à celle d'un électrocardiogramme, peut-être aussi pour rappeler que ce n'est pas par hasard que le cœur est décrit comme le centre des émotions…

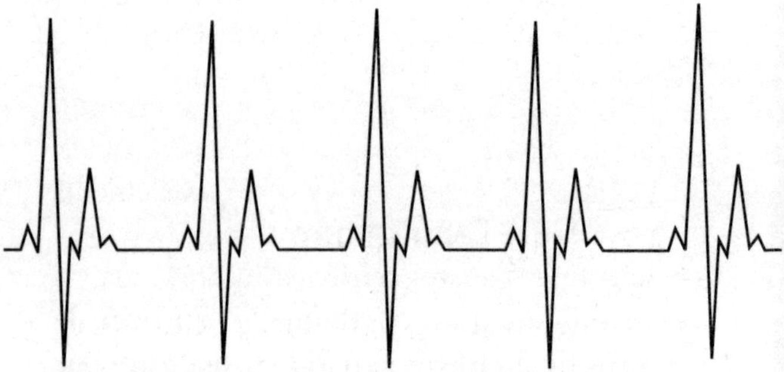

Figure 3 : les phases du conflit

Témoignage : Martine, 52 ans, deux enfants : « *Notre divorce n'en finissait pas. Chaque fois que je pensais la situation réglée, que j'avais enfin acquis une certaine quiétude, mon futur ex revenait à la charge par avocat interposé pour contester un paiement d'impôt, la propriété d'un meuble. Quand l'avocat ne s'en mêlait pas, il m'appelait directement au motif de parler aux enfants et en profitait pour me jouer la comédie ou m'insulter en fonction de son humeur du moment. J'ai cru le divorce prêt à être prononcé tous les six mois ; cela a pris plus de trois ans ; une fois le divorce prononcé, il a fallu encore se battre pour obtenir que la pension alimentaire soit régulièrement versée...* »

Tenir le cap, c'est traverser le conflit avec sérénité, en s'appuyant sur des techniques de réflexion, de méditation, c'est aussi s'accorder des moments de repos salutaires. Certes, mais comment tenir alors pendant parfois plusieurs années de conflit ? En respectant plusieurs règles :

- **Je valorise ma démarche** : je suis dans mon droit, j'ai raison de poursuivre, je vais gagner, j'en ai vu d'autres, je note tous les éléments positifs que j'accomplis.
- **Je trouve d'autres centres d'intérêt** : ma vie ne se limite pas à ce conflit, elle est riche de sens, de gens, de situations, d'amour, de passions, de hobbies.
- **Je ne rumine pas, je laisse ça aux bovidés** : je ne tourne pas en rond autour du sujet,

si j'ai du mal à m'endormir, je me lève, je lis un livre, je fuis les sujets me ramenant au conflit que je traverse.

- **Je me fais aider si besoin** : je ne suis pas seul(e), d'autres ont vécu des situations similaires, j'en parle à mon médecin.
- **Je m'entoure de gens et de situations positives, je tourne le dos aux éléments négatifs** : les râleurs, les donneurs de leçons, les tristes, les vampires psychiques, je m'en éloigne.
- **Je veille à mon corps** : à dormir correctement, à m'oxygéner et faire du sport, à chanter, à danser ; il n'y a rien de tel pour déstresser et entretenir sa capacité d'endurance.
- **Je conserve ma confiance en moi** : je le répète haut et fort (au sens propre du terme, ça fait du bien de s'entendre parler, voire crier énergiquement de temps en temps).

Éviter les conflits

Le premier réflexe face à un conflit est de l'éviter ; la fuite n'est-elle pas la première réponse à laquelle notre cerveau reptilien, notre âme animale nous conditionne ? Le stress fait monter en nous la tension et le taux d'hormones nécessaire à affronter l'adversaire ou à prendre la fuite.

Éviter les conflits est une solution très cohérente, très honorable tant que l'on est conscient de ses choix. Ne pas entrer en voie de conflit par couardise ou par lâcheté est fort compréhensible mais conduit inexorablement à une baisse de l'estime de soi. On sera dans une situation d'ignorance dans laquelle on feint de ne pas comprendre ce qui se passe ; nous l'aborderons après ce premier point sur l'évitement.

Quelques comportements, dont l'usage général est par ailleurs bénéfique, concourent à éviter bien des conflits : **le langage corporel, l'écoute, l'empathie.**

Le langage corporel

« *Ces deux chiots sont en train de se battre, séparez-les ! – Pas du tout, ils jouent, découvrent les us et coutumes propres à leur univers, apprennent leur rôle dans la hiérarchie de leur meute.* » Il en est de même des humains : ce que l'on perçoit n'est pas nécessairement ce qui est. Cependant, cette base erronée est source de bien des conflits. Les rudiments du langage corporel permettent de s'épargner de nombreux antagonismes.

Le langage corporel est affaire de culture, d'éducation, de sexe. Le mimétisme est la base de nos gestes, de nos mimiques, de nos attitudes. Le long travail nécessaire à déshabituer certains de leurs tics de langage, manies, démarches, est révélateur de l'ancrage profond du langage corporel.

Toutes les zones du corps parlent, certaines plus que d'autres comme les yeux, les mains, la démarche.

- **Le regard** : à observer le regard de la plupart de nos interlocuteurs, l'on comprendra rapidement si leur intention est franche ou non, si leur déclaration est feinte ou sincère, s'ils se jouent de la situation ou y mettent leur volonté première. À ce regard, l'ensemble du visage collabore : plissement des yeux, rides du front, sourire, ton de la voix. Chacun, avec un minimum d'esprit d'observation et d'instinct, saura faire la différence entre un haussement des sourcils d'étonnement, de frayeur, d'admiration.

- **Les mains** : elles accompagnent le langage de manière quasi instinctive et leur observation permet de mieux comprendre le discours : doigt levé ponctuant l'autorité, mains tendues vers le ciel en signe d'offrande ou d'attente…
- **Les membres** : la position des bras et des jambes peut permettre de comprendre le sentiment que traverse son interlocuteur : bras croisés en signe de méfiance ou de lassitude, pied gigotant pour marquer l'impatience…
- **Le corps tout entier** : plus ou moins tonique, marquant l'enthousiasme, l'ennui ou la colère.

C'est ainsi que l'enfant comprend que son parent fait semblant de le gronder : la voix est faussement grave, le regard demeure rieur, le doigt tendu s'agite de manière exagérée, le sourire éclaire le visage.

Ce langage non verbal s'accompagne de gestes dits emblèmes, tant ils sont marqués par une culture nationale ou régionale : une manière de dire oui, de dire non, de résumer un mot ou une expression en un geste. Lever son pouce pour faire de l'auto-stop est clairement compris en Europe (il s'agirait de la survivance du geste romain pour « sauvez-moi »). Il est de nombreux pays dans lesquels on tend la main, paume vers le sol, ou l'index levé (s'il vous plaît) ; croiser les doigts (index et majeur) est signe de « bonne chance à toi » dans la plupart des pays : au Vietnam, cela est très insultant, on y voit un sexe féminin. Enfin, dans la plupart des pays anglo-saxons, ne commandez surtout pas deux verres du signe de la victoire, dos de la main tourné vers l'extérieur, cela a la même signification qu'un doigt d'honneur ; combien de bagarres dans les pubs ont ainsi commencé !

Le conflit naît souvent de l'incompréhension, autant être attentif à ce qui permet d'en éviter la naissance.

L'écoute

On ne répétera jamais assez les bienfaits d'une écoute bienveillante. La vie trépidante dans laquelle nous vivons tous, la multiplication des sources d'information dans laquelle Internet et les réseaux sociaux nous entraînent, nous font oublier le premier devoir à l'égard de nos prochains, celui de prendre en considération leur avis d'une part, d'être attentif à leurs propos d'autre part.

Il en est de même des relations humaines au quotidien : nous ne nous écoutons pas assez ! Dans le couple, en famille, entre amis, l'échange est faible : chacun raconte son histoire sans plus.

L'écoute est à comprendre au sens le plus large : écouter, c'est entendre avec soin et bienveillance, c'est aussi observer. Un partenaire qui ne parle pas demande certainement plus « d'écoute » que celui qui jacasse ; une attitude, une manière de se vêtir sont autant de signaux qu'il appartient « d'écouter », de comprendre.

L'écoute demande avant tout une remise en question des schémas traditionnels : paternaliste, maternaliste, parent-enfant, patron-employé. « Je t'écoute » est avant tout une manière de dire : « Je prends conscience de ton existence, je la tolère et la respecte », « Je tiens compte de ton opinion, partageons et allons plus loin ensemble ». Si mon expérience est différente de la tienne, je t'en fais profiter. Certes, la relation parent-enfant introduit une nécessaire dose d'autorité et d'éducation ; elle n'interdit pas pour autant l'écoute de son enfant et encore moins celle de son adolescent.

Témoignage : Isabelle, 46 ans : *« Du jour au lendemain, notre fille Agathe, 16 ans, est devenue gothique, tout habillée de noir, piercing et teint blafard. Nous avons dans un premier temps pris cela pour une belle crise d'adolescence, un refus de notre milieu, plutôt bobo-catho, mais son attitude générale était trop éloignée de ce qu'elle avait été jusqu'à présent. Elle demeurait muette à toute discussion et nous sentions qu'insister conduirait à un conflit stérile. Ma belle-mère, à laquelle Agathe se confiait plus volontiers, nous a aidés à faire ce travail d'écoute. Le mal-être était plus profond et s'inscrivait dans un drame* *véritable qu'Agathe avait subi, sans que nous ne l'ayons compris dans l'immédiat.* »

Écouter, aller vers l'autre, permet de décoder des messages qui, mal compris ou mal interprétés, conduiraient inévitablement à une situation de blocage et rapidement de conflit.

Enfin, l'écoute, de manière générale, permettra aussi de recueillir l'avis d'autrui, de ses proches, de ses amis, de conseils et d'éviter le conflit s'il est totalement disproportionné, raisonnablement inutile.

Témoignage : Morgane, 32 ans : « *J'étais un temps très procédurière, jusqu'au-boutiste et m'apprêtais à faire un procès de tout. Mon compagnon et l'un de ses amis, avocat, ont réussi à me faire entendre raison en m'initiant aux jeux de rôle. Ils ont fait la comparaison entre mon attitude dans la vie et celle que je devais adopter dans la peau de mon personnage, un seigneur du Moyen Âge, en charge d'âmes. Amusant, comme un simple jeu, qui peut amener à réfléchir...* »

L'empathie

À l'écoute s'apparente l'empathie. L'empathie nécessairement se nourrit d'écoute. L'empathie, c'est cette capacité à s'identifier à l'autre dans ce qu'il ressent. C'est un sentiment de partage, de communion avec autrui. Je me « mets à la place » de l'autre et je comprends sa souffrance, sa douleur mais aussi sa joie, son bien-être ; je m'imbibe de ses sentiments et les fais miens.

Être empathique permet de mieux comprendre autrui. L'être empathique dégage même une aura qui le rend sympathique à tel point que l'on n'a pas envie de lui porter grief. Si nécessaire, on s'expliquera avec lui avec douceur et bonne humeur, respect et considération.

D'aucuns font la différence entre empathie, compassion et sympathie. Imaginons-nous marcher au bord d'un lac où une personne se noie ; trois sentiments et un comportement sont possibles :

- **La compassion** : « Je comprends ta situation, nage et tu t'en sortiras » ;
- **La sympathie** : « Je plonge, viens te chercher et te ramène » ;
- **L'empathie** : « Je te lance une corde, attrape-la, je te ramène ». Même s'il ne sait pas nager, l'empathique peut venir en aide.
- **L'apathique**, quant à lui, tourne la tête et marmonne : « Je n'ai pas le temps, quelqu'un passera bien pour le sauver. »

Être empathique ne veut cependant pas dire être d'accord en tout avec l'autre ; il s'agit bien d'une relation qui vise à se mettre à la place, ou plutôt, à côté de l'autre pour voir la situation de son point de vue et le partager. L'empathie est une expression de la tolérance : « Je cherche à comprendre, je partage le point de vue, mais je ne le valide pas pour autant. »

Être empathique enfin ne veut pas dire partager totalement le sentiment.

> **Témoignage :** Pierre-Yves, cadre dans l'industrie automobile, 49 ans : « *J'ai compris la différence entre empathie et sympathie le jour où un collègue a perdu son épouse. Mon premier réflexe aurait été de m'inquiéter de mon propre sort, de partager par sympathie sa souffrance ; j'ai appris à agir par empathie, c'est-à-dire en me rendant disponible pour comprendre son vécu et lui apporter une écoute bienveillante.* »

Être empathique permet une compréhension en profondeur des relations ; ainsi, une écoute bienveillante et empathique de celui qui expose une attitude contraire à la nôtre conduit souvent à éviter tout conflit qu'une attitude de rejet aurait immédiatement entraîné.

Fuir le conflit

Pour mieux comprendre la nécessité d'agir, sans procrastiner, sans ignorer un conflit apparu, imaginons quelle conséquence aurait le fait de fuir volontairement face au conflit ; il ne s'agit pas là d'éviter consciemment d'aller au conflit mais bien de fuir face à une situation existante.

Trois conséquences principales sont à craindre : **l'acte de soumission, l'abaissement de sa puissance personnelle, la naissance d'un ressentiment.**

Soumission

Lorsqu'un conflit éclate, celui qui fuit se soumet *ipso facto* à son opposant. Les raisons de la fuite sont multiples : peur, lassitude, honte, procrastination. Elles sont compréhensibles mais peu efficaces : le conflit demeure et se poursuit. Dans ce cas, une seule partie mène le conflit : à tort ou à raison, le conflit est perdu d'avance pour celui qui ne « combat » pas.

Prendre conscience d'un conflit et ne pas l'affronter, fuir devant la situation conduit inexorablement à déclarer forfait. Lorsqu'un combat est annoncé et que l'un des compétiteurs ne se présente pas, le vainqueur est aussitôt désigné : celui qui reste gagne par forfait de l'adversaire. Ce n'est pas la plus glorieuse des victoires, mais cela demeure une victoire quand même !

S'interdire de concourir, c'est *ipso facto* se soumettre. Le vaincu perd alors toute chance de prendre en considération l'ensemble des pièces du puzzle, il n'a qu'une vision partielle de la réalité de la situation.

Témoignage : Bernard, 55 ans, proviseur de lycée : *« Je n'aime pas les conflits, c'est maladif. Je fais tout pour les éviter quitte à perdre, je l'avoue, un peu de dignité. Je cède le plus souvent quand je n'ai pas réussi à fuir le conflit. J'utilise toutes les manœuvres dilatoires possibles : je fais dire que je suis en réunion, j'envoie mon adjointe au casse-pipe. J'ai même à quelques occasions demandé quelques jours de repos à mon médecin traitant tant mon angoisse était forte, tant mes douleurs certainement psychosomatiques étaient douloureuses. Je m'épuise à éviter l'affrontement, il est temps que ça cesse, ma vie et ma carrière en pâtissent ! »*

La soumission peut conduire également à une surenchère du conflit. On le comprend tout particulièrement dans les cas de harcèlement moral : la victime subit, se replie sur elle-même, fuit. Cette situation de soumission renforce le sentiment de surpuissance du harceleur qui va poursuivre son travail de sape par la surenchère ou la manipulation : la victime doit définitivement rendre les armes ou sera cajolée un temps pour pouvoir mieux la terrasser ensuite. Le harceleur ressemble dans ces situations au chat jouant avec une souris.

Ressentiment

Un combat qui n'est pas mené, un conflit que l'on a fui laissent un goût amer dans la bouche. Le ressentiment surgit, baigné de tristesse. En l'occurrence, le ressentiment correspond à la frustration d'avoir « été battu sans combattre ». La porte est ouverte aux idées noires et au ressassement : « Si j'avais... », « J'aurais dû... », « J'aurais pu... », « Si seulement... », etc. On refait l'histoire dans laquelle on a nécessairement le meilleur rôle.

Cette amertume se transforme souvent en rancœur, puis en rancune. L'aigreur et l'agressivité caractérisent la rancune. On va chercher des coupables pour mieux ignorer ou justifier sa propre faiblesse.

Si la colère, contre soi, contre l'autre, s'en mêle, le désir de vengeance naît alors. La situation est paradoxale, mais bien réelle de celui qui a fui un conflit puis se transforme en vengeur.

Ressentiment, rancune, vengeance autant de sentiments négatifs aux effets délétères tant pour soi que pour autrui. Ces sentiments toxiques agissent comme un sac à dos chargé de pierres inutiles porté lors d'une marche en montagne : il ralentit notre progression, nous fragilise et nous empêche de lever la tête pour voir plus loin. Ils freinent notre capacité d'anticipation, contrarient notre vision stratégique.

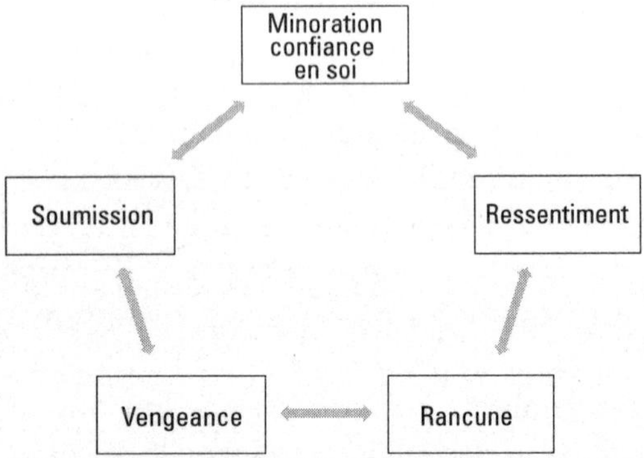

Figure 4 : Les conséquences de la fuite volontaire

Minoration de la confiance en soi

La fuite face au conflit conduit à se soumettre et, par ricochet, déclenche un abaissement de confiance en soi avec des effets reportés. L'image de soi est affectée par cette propension à fuir le conflit. Ne vous sentez pas coupable !

Rappelez-vous que *Superman* est un extraterrestre, que *Wonder Woman* vient d'un monde imaginaire et disparu ! N'est pas extraterrestre ou Princesse des Amazones qui veut ! Soyez indulgent à votre égard !

Rappelez-vous que l'expérience est un outil indispensable pour gérer efficacement tout type de conflits ; nous aurons tôt ou tard des conflits à gérer ; notre image personnelle construit notre rapport à nous-même et bâtit l'image que nous avons de nous-même. Autant d'éléments qui génèrent la confiance en soi.

Une fois cette situation comprise, il faut immédiatement se prendre en main et agir étape par étape. Si l'on a l'habitude de fuir les conflits, prenons conscience de la nécessité de les affronter dorénavant. Commençons par des situations que nous redoutons mais qui sont quotidiennes : discussions tendues, disputes. Ne les fuyons plus !

Exercice

Prenez-vous physiquement par la main (de ma main droite, je saisis ma main gauche et je me tire vers l'avant). Vous avez symboliquement enclenché un processus. Écoutez votre adversaire avec sérénité tout en respirant calmement. Prenez le temps d'argumenter une réponse. Prononcez-la à haute et intelligible voix. Vous serez alors surpris(e) de votre propre aplomb et de son effet !

Soyez honnête avec l'autre comme vous l'êtes avec vous-même, les deux attitudes sont interpénétrées. « Que votre parole soit impeccable », dit le premier accord toltèque[9], ce qui signifie tout à la fois ne pas mentir, respecter son engagement, dire ce que l'on pense avec respect de soi et des autres, ne pas médire. En respectant ces simples règles s'éloigne le marais dans lequel s'enlisent menteurs et affabulateurs.

La dose de confiance nécessaire à passer à l'acte bénéficiera de chacune de ces expériences.

Les trois stades

L'analyse « post mortem » d'un conflit, c'est-à-dire celle que l'on peut pratiquer après l'avoir subie, comme un médecin légiste fait « parler » un cadavre, permet de mieux comprendre les conflits et d'en tirer des règles générales. Cette analyse *a posteriori* permet d'établir trois phases essentielles : **la montée en puissance, l'éclatement, la fin**. Ces trois stades sont particuliers et se traduisent par un état de tension, un stade de crise et une sortie dont la réussite conditionnera la fin réelle du conflit.

La tension

Il est donc difficile *a priori* d'identifier l'origine d'un conflit. En revanche, on le sent souvent arriver.

Le premier signe est celui de la tension qui devient de plus en plus palpable. On sent une colère sourde monter en présence de l'autre, tout est source de dispute. Que le conflit soit froid ou chaud, la tension existe de manière latente ou d'une façon très expressive.

La tension peut être alimentée par des signaux provoqués par l'antagoniste : réflexions, comportements, attouchements. Ces signaux peuvent être considérés comme subjectifs, aussi est-il important d'en prendre note de manière très factuelle : on notera le jour et l'heure éventuellement, le fait remarqué ou reproché avec précision et dans des termes les plus objectifs possible.

Témoignage : Élodie, 42 ans, secrétaire de direction dans l'industrie du luxe : « *J'avais du mal à expliquer le harcèlement dont je suis victime, cela demeurait diffus. Je note systématiquement tout ce qui peut argumenter mon dossier : critiques blessantes, reproches injustifiés, courriels à répétition, appels en dehors de mon temps de travail. Je note le tout dans un carnet précisant date et heure, témoins éventuels. Je copie systématiquement les courriels concernés. Je ne tombe pas dans la provocation et me réjouis intérieurement : les preuves s'accumulent !* »

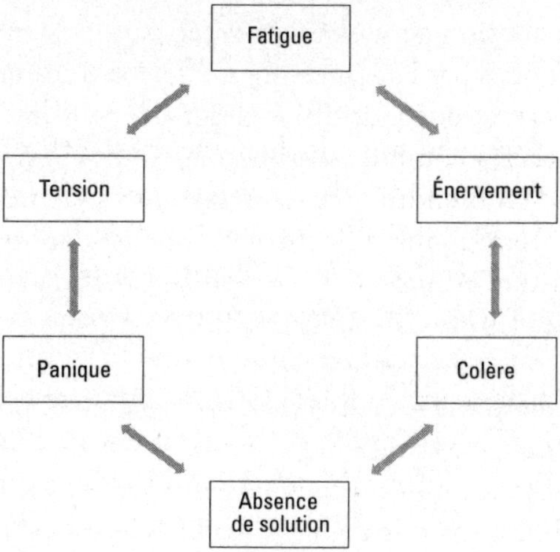

Figure 5 : Le cercle vicieux de la montée en tension

Cette tension croissante agit comme un cercle vicieux : elle s'auto-alimente et croît au fur et à mesure de l'insatisfaction qu'elle engendre. La tension provoque de la fatigue, l'énervement gagne. La colère étant mauvaise conseillère, aucune solution n'émerge. Un sentiment de panique apparaît alors. La tension s'aggrave ; elle ronge sourdement l'un ou l'autre des protagonistes, que le conflit soit ouvertement ou non partagé.

La crise

La crise est le point d'orgue du conflit, son aboutissement quasi inéluctable si le conflit n'est pas avorté. La période en est plus ou moins longue, ponctuée de rechutes. On peut la comparer à l'éruption d'un volcan. Deux plaques tectoniques s'affrontent, se frottent l'une à l'autre puis un jour, la lave trouve à passer entre les couches et sort en force. Plus elle aura été contenue, plus son éruption sera violente. Plus la pression sera forte, plus ses répercussions seront terribles. Plus les plaques seront en mouvement, plus la réitération sera fréquente.

La crise est l'une des voies de sortie de conflit les plus fréquentes. Elle ne met pas fin au conflit mais permet de marquer une étape décisive. Elle peut même être considérée comme indispensable dans les cas où les protagonistes ne se parlent pas ou si l'un des deux est totalement indifférent à l'état de l'autre, que son indifférence soit consciente ou non. Ainsi, la victime d'un pervers narcissique aura souvent du mal à se faire entendre autrement que par une période de crise ; l'adolescent vivra sa « crise » à travers un mode provocateur ou rebelle.

La crise est le moment de sortie du refoulement ; c'est une période de défoulement, souvent bruyante et dangereuse car difficilement contrôlée.

Cette crise transitoire est un changement d'état périlleux mais qui, bien maîtrisé, demeure salvateur.

Témoignage : Annie, 32 ans, fraîchement divorcée : *« Le jour où j'ai eu envie de lui envoyer mon téléphone portable à la figure, où cette sensation n'était plus qu'une pensée mais se traduisait par une crampe dans ma main, j'ai su qu'il était temps de mettre fin à notre relation ; il s'est ensuivi une violente dispute, comme je ne m'en croyais pas capable. À l'issue de cette engueulade, il n'y a pas d'autre mot, j'étais vidée mais soulagée. Il me semblait que le plus dur était passé. »*

La crise permet d'affronter l'autre, de découvrir le courage nécessaire à franchir le pas et à aller plus loin. Elle se traduit par une « explication de texte » dont la violence n'est pas nécessaire, mais très souvent constatée. Canaliser cette violence est salutaire et évite de se laisser emporter par une attitude négative et épuisante. L'objectif est de maîtriser sa propre violence pour ne pas déclencher celle de l'autre tout en acquérant confiance en soi pour aller plus loin.

Mais soyons clairs, la crise demeure une issue dangereuse si elle est mal maîtrisée et laissera des traces, elles-mêmes longues à cicatriser.

Une fin claire

La fin du conflit n'aura de sens que lorsque les deux parties auront convenu d'un accord. Cela impose que le conflit ne s'enlise pas.

Un conflit qui s'enlise n'est pas un conflit réglé mais bien un conflit larvé.

Témoignage : Jean-Marc, 53 ans, en reconversion professionnelle : *« J'ai mis un mouchoir sur ce litige qui m'oppose à mon garagiste jusqu'au jour où j'ai décidé de revendre ma voiture. J'avais laissé traîner par flemme, traversant une situation professionnelle difficile et de peur de m'engager dans une procédure longue et coûteuse. Et puis, sur une grande radio nationale, je suis tombé par hasard sur une émission dans laquelle l'animateur fait office de médiateur et règle beaucoup de conflits. Ce matin-là, il décrivait une situation proche de la mienne. Je venais de retrouver du boulot et me sentais en forme. J'ai rappelé le garagiste. Il connaissait l'émission ; l'exemple que je lui ai décrit l'a convaincu ; tout a été réglé dans la semaine. »*

Le conflit prend ainsi terme dans des conditions qui ne sont parfois pas celles escomptées : le processus du conflit (tension, crise) conduit souvent à une prise de conscience mutuelle et à une solution inattendue.

Le conflit ne prend réellement terme que lorsque les deux parties sont satisfaites. Il convient qu'elles le soient même si la satisfaction n'est pas totale. Ce qui importe, c'est avant tout la manifestation éclairée de chaque détracteur, la sensation très personnelle que la solution, si elle n'est pas idéale, est au moins celle qui permet de « passer à autre chose », d'entamer le deuil de cette situation. Ce terme doit être « sacralisé » par une cérémonie, aussi simple soit-elle : poignée de main, signature d'un acte, accolade, déjeuner, fête. Il est temps de fumer le calumet de la paix. Cette cérémonie permet de marquer le temps, sert d'exutoire, de moment de partage et de remerciements avec et pour ceux qui ont participé à cette « victoire ».

Fêtons cette fin ! Mettre un terme à un conflit, c'est retrouver un chemin positif.

Les éléments catalyseurs

Il existe des signes avant-coureurs dont l'identification permettra d'éviter ou d'anticiper les conflits.

« Connais-toi, connais ton adversaire,
et cent batailles ne te mettront pas en danger.
Si tu ne connais pas ton adversaire et que
tu te connais, pour chaque victoire,
une défaite. Si tu ne connais ni ton
adversaire ni toi-même, à chaque bataille,
tu seras vaincu »,
disait le théoricien chinois Sun Tzu[10]**,**
plusieurs siècles avant notre ère.

Ces éléments catalyseurs sont ceux qui, par leur seule présence, déclenchent une réaction et, en l'occurrence, provoquent ou aggravent le conflit. Trois grandes familles d'éléments catalyseurs peuvent être retenues : **l'incompréhension, la fatigue, la manipulation.**

L'incompréhension

Un conflit peut naître d'une mécompréhension mutuelle : entre ce que je dis et ce que tu comprends se déroulent neuf étapes fondamentales :

Ce que je pense
↓
Ce que je veux dire
↓
Ce que je crois dire
↓
Ce que je dis
↓
Ce que l'autre veut entendre
↓
Ce que l'autre entend
↓
Ce que l'autre croit en comprendre
↓
Ce que l'autre veut comprendre
↓
Ce que l'autre comprend

Il ne s'agit pas nécessairement de parler et d'entendre. Le langage est un moyen d'échange : le comportement d'une personne est aussi une de ses formes d'expression. On inclura donc tous les moyens d'expression, verbaux et non verbaux : regard, attitude, démarche. Chaque étape est génératrice d'incompréhension et donc, à terme, source de malaise et de conflit.

Témoignage : Ophélie, 35 ans, cadre dans une entreprise de produits de beauté, vient d'être embauchée et couvre le secteur EMEA (Europe, Moyen-Orient, Afrique) : *« Nous développons toute une gamme de produits pour les femmes à la peau mate et à la peau noire ; mon secteur est donc très favorable. Je n'avais aucune expérience en dehors de l'Europe mais l'on m'a fait confiance. Je rencontre régulièrement nos "ambassadrices" locales. Une formation d'acculturation m'a permis de découvrir, je n'ai pas honte de le dire, combien étaient différentes les cultures orientales : soutenir un regard y est marque de défi, d'irrespect. Ma relation avec mes collègues a totalement changé depuis ; les résultats s'en sont rapidement améliorés ! »*

L'incompréhension naît souvent d'un manque de curiosité, de généralisations hâtives, de tolérance. Rappelons-nous que si la culture et la formation sont des facteurs importants d'assimilation, chaque être est différent.

Un changement de discours, de comportement peut ainsi générer un conflit. La base de la confiance préalablement établie est rompue ; doit-on en tirer rancœur et détestation, ne peut-on pas chercher à comprendre l'autre et éviter la dispute ?

Les relations humaines demandent une grande humilité pour arriver à mieux comprendre chacun de ses interlocuteurs. L'individualisation des rapports humains est source d'enrichissement personnel et mutuel. Échanger, mieux se connaître, c'est moins se craindre, mieux se comprendre et donc, moins se combattre. « Parlez-vous ! » disent thérapeutes, sexologues, avocats aux couples en voie de séparation…

La fatigue

La fatigue est également catalyseur de conflits ; elle les provoque, les maintient, en retarde la résolution.

La fatigue, en l'occurrence, est à comprendre dans tous ses sens : physique et intellectuelle. L'une et l'autre étant si liées : la fatigue physique conduit à un déclin des compétences intellectuelles, la fatigue intellectuelle entraîne des phénomènes réels ou psychosomatiques générant une fatigue physique. C'est ainsi que les épaules deviennent lourdes, l'estomac se ballonne, le dos souffre. Dans les cas les plus pathogènes, l'imbrication de l'une et l'autre fatigue est telle qu'il arrive un temps où l'intéressé(e) ne sait plus quelle fatigue a provoqué l'autre.

La fatigue « *représente l'un des motifs de consultation le plus fréquent en médecine générale* », nous apprend le Pr Pierre-Yves Hatron pour lequel il convient de « *savoir reconnaître derrière une fatigue chronique, souvent accompagnée de multiples symptômes fonctionnels, une cause psychologique…* ».

N'avez-vous jamais remarqué combien vous étiez plus irritable en période de fatigue, combien votre stress croissait plus rapidement, combien votre susceptibilité s'aggravait, combien vos facultés de tolérance et d'écoute d'autrui diminuaient ? Un mot mal placé, un sourire ambigu, un regard désintéressé peuvent entraîner une réaction en chaîne dont l'issue peut malheureusement conduire à un conflit. Gare à la réplique cinglante, aux mots malheureux, à la colère disproportionnée… vous pouvez alors vous-même devenir source de conflit !

Exercice

- Privilégiez les micro-siestes dans la journée qui permettent de reprendre de l'énergie de manière continue.
- Évitez les excitants le soir.
- Prenez une douche. En effet, une douche a plusieurs effets vertueux : celui de vous permettre de vous isoler un temps, de profiter d'un instant de décontraction, de micro-massages tout en assurant un nettoyage physique mais aussi symbolique. Prendre une douche permet de franchir un nouveau seuil : « Je sors d'une période

Exercice (suite)

agitée, je prends une douche, j'entre dans une période plus calme ; Je sors du boulot, je prends une douche, je rentre dans ma vie personnelle… Un moyen positif, rapide et efficace de se débarrasser symboliquement de ses toxines ! »

- Consultez si besoin.

La manipulation

Lorsque deux personnes sont en conflit, la recherche des causes de ce différend permet souvent d'identifier d'autres acteurs. C'est ainsi que l'on découvre le plus souvent celui qui a intérêt à agir. Derrière une situation difficile à gérer se cachent des sentiments divers : incompréhension, angoisse, jalousie, haine. Or, les émotions ne s'expriment jamais mieux qu'en triangle. Il n'est qu'à lire *Huis clos* de Sartre pour s'en convaincre. Trois est le chiffre parfait pour exprimer l'ensemble des émotions : amour, amitié, passion, désir, jalousie, haine…

Le triangle dramatique relie quant à lui trois personnes que l'on croise lors d'un conflit : **la victime, le persécuteur, le sauveur**. Et ce, que cette perception soit réelle ou supposée.

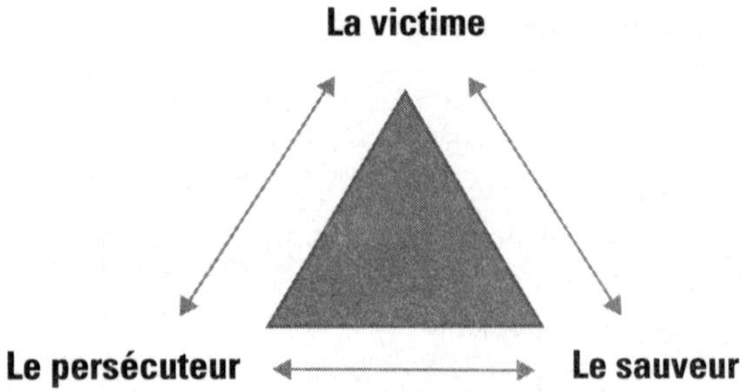

Figure 6 : Le triangle dramatique dit aussi Triangle de Karpman

Le triangle dramatique illustre bien cette situation d'interdépendance entre la victime et son persécuteur (soit les deux antagonistes du conflit, qui bien souvent se renvoient le terme « victime ») et celui qui apparaît comme un sauveur. Tant que le sauveur est de bonne foi, rien à craindre. En revanche, dès lors que le prétendu sauveur cache un manipulateur, la situation prend une dimension tout autre. Le manipulateur fait effet de catalyseur, il aggrave la situation, voire transforme une situation simple à régler en une situation de conflit.

Témoignage : Isabelle, 46 ans, esthéticienne, deux enfants, se confie : « *Je la croyais ma meilleure amie et je lui confiais toutes mes joies mais également toutes mes craintes. Quelques semaines avant le prononcé de mon divorce, il y a trois ans, j'ai compris son attitude. Ma meilleure amie était jalouse de notre vie* *de couple ! Une maison, deux enfants, un ménage heureux… Je trouvais mon mari, Pierre-Antoine, distant, souvent absent. J'étais persuadée qu'il avait une maîtresse et mon amie m'encourageait en ce sens. C'est ma mère qui m'a éclairée, doutant de l'infidélité de mon mari mais persuadée de la jalousie de mon amie. J'étais perdue et j'ai eu recours à un détective privé : aucun adultère, mon mari était bien au bureau lorsqu'il le prétendait. Une sérieuse explication m'a finalement éclairée : Pierre-Antoine n'osait pas m'avouer que son entreprise tournait relativement mal, qu'il craignait de perdre son emploi et que malgré ma demande de divorce, par fierté, il préférait garder le silence. Nous revenons de loin… »*

La manipulation n'est pas nécessairement le fruit d'une volonté perverse, elle peut être aussi commise par sottise ou maladresse. Il importe ainsi de différencier l'amoureux maladroit du harceleur, le chef pointilliste et mal formé à ses missions d'encadrement du harceleur moral doublé d'un pervers narcissique. Enfin, le manipulateur prend souvent l'apparence d'un faux ami, celui qui semble vous offrir du bien mais vous veut du mal. À écarter de votre environnement !

Les contrariants

L'élément contrariant est différent du catalyseur ; il peut agir seul ou en complément. Il distancie la vision claire que l'on peut avoir de la situation ; on peut dire qu'il brouille la vue. Un conflit est par essence complexe et difficile à gérer, autant éviter toute contrariété supplémentaire. Pour les éviter, autant les connaître. Trois dimensions peuvent être décrites : **l'amour-haine, l'orgueil, le vampire psychologique.**

L'amour-haine

L'amour et la haine sont des sentiments proches, l'amour-haine est un sentiment à part entière. Il s'agit d'une relation ambiguë, teintée d'attraction et de répulsion, d'envie et de rejet. Une manière complexe de marier noir et blanc, Yin et Yang, positif et négatif. La relation est nécessairement complexe et se traduit par une valse-hésitation permanente. L'individu est en perpétuel conflit intérieur ; il est donc en très mauvaise posture pour vivre une situation de conflit extérieure.

« La haine n'est pas le contraire de l'amour, c'en est l'envers »,
Honoré de Balzac[11]

L'amour-haine conduit soit à une succession de conflits avec un tiers du fait même de l'absence de clarté dans la relation qu'on lui porte, soit à une absence totale de clairvoyance du conflit que l'on est en train de vivre.

La contrariété provient du fait que l'on ne sait jamais si l'on vit un véritable conflit ou si l'on chemine dans un rapport d'amour-haine. Il n'y a ni commencement ni fin dans cette espèce de conflit larvé, il n'existe aucun enjeu véritable, il n'y a en réalité aucun dommage. La solution passe par le recours à un psychothérapeute et/ou l'acceptation de la situation.

Témoignage : Sandrine, 36 ans, divorcée, sans enfant : *« Je ne le supporte pas et pourtant, je ne peux me passer de lui. Je l'ai connu le jour de mes 16 ans. Tout nous éloigne, notre milieu, nos goûts et pourtant, tout nous rapproche. Nous sommes sortis ensemble, nous sommes séparés. Je me suis mariée avec un autre homme pour divorcer dix-huit mois plus tard. J'ai retrouvé Wadi quelques mois plus tard, nous avons vécu six mois ensemble, nous sommes à nouveau séparés, fâchés. Nous ne cessons de nous retrouver avec passion et de nous quitter avec fracas... Je ne construis rien, je suis en conflit permanent... »*

L'orgueil

L'un des sept péchés capitaux ! Avec l'avarice, l'envie, la colère, la luxure, la gourmandise et la paresse. Que l'on soit croyant ou non, cette liste de péchés correspond à une réalité sociale. La plupart sont d'ailleurs à l'origine des conflits que nous côtoyons ou que nous traversons : envie, colère, luxure, avarice. Autant de sources de disputes, de clivages. La paresse aura tendance à envenimer le conflit tant on ne le prendra pas à corps, avec opiniâtreté, stratégie et volonté d'en sortir.

L'orgueil est dévastateur.

> *« Quand orgueil chevauche devant,*
> *honte et dommage suivent de près »,*
> **Vieux proverbe français**

Comment se manifeste-t-il ? L'orgueil s'exprime à travers un sentiment exacerbé de surpuissance. L'orgueilleux a une si haute opinion de lui-même, qu'il se sent supérieur à tout autre. L'orgueil se traduit par un amour excessif de soi-même, un mépris des autres mais aussi des situations dont on n'est ni le créateur, ni le maître. Pour les psychiatres : « *L'orgueil [...] est un des éléments de la constitution paranoïaque et il fait le lit de la méfiance, de l'interprétation et des idées de persécution.* » (Lafon, 1963).

En matière de conflits, l'orgueilleux est par sa propre nature un élément déclenchant du conflit.

Le conflit naît du rapport qu'il peut avoir avec une autre personne, tout aussi orgueilleuse que lui ou tout simplement d'une personne qui ne s'en laisse pas conter. L'orgueilleux sera un adversaire difficile à combattre, souvent procédurier et jusqu'au-boutiste, tant il est convaincu de son droit et de sa supériorité. Attention, à l'inverse, si votre orgueil vous emporte, vous perdrez toute vision objective de la situation conflictuelle que vous vivez et n'opterez certainement pas pour la solution la plus cohérente. Vous serez conduit par votre aveuglement ; l'aveugle est guidé – lui – par une aide, sa canne ou son chien.

À l'opposé, celui qui se trouve en conflit permanent avec tout le monde aura tout intérêt à se poser la bonne question : ne suis-je pas le centre du problème ?

Témoignage : Isabelle, 46 ans, kinésithérapeute : *« J'ai fait un long travail sur moi-même alors que je cherchais à donner du sens à une vie qui me paraissait bien chaotique. Voilà plus de vingt-cinq ans que je suis dans la vie active. Je change de boulot tous les deux à trois ans : je suis passée du milieu hospitalier aux cabinets en association avec d'autres kinés. Je n'ai jamais été virée, je suis toujours partie de mon plein gré mais en conflit avec mes pairs et mes supérieurs. Ma vie personnelle est tout aussi virevoltante. Et puis,* *une rencontre a changé le cours de ma vie, il y a une dizaine d'années. Un invité lors d'un dîner amical, placé à mes côtés, est resté muet pendant tout le repas. Il a échangé quelques mots avec la maîtresse de maison, poli. Il m'a simplement dit en quittant la soirée et en me fixant au fond des yeux : "L'autre n'a pas toujours tort, retiens cette phrase !" J'ai ri mais la phrase a fait son chemin et j'ai cherché ma voie depuis. J'ai enfin ouvert mon propre cabinet, j'ai appris à écouter et à me remettre en question. Ce n'est pas toujours aisé mais je sens que je progresse. »*

Le vampire psychique

Parcourir un conflit demande du temps, de la confiance en soi. Il faut maintenir l'axe stratégique que l'on a choisi, adopter des tactiques cohérentes qui s'intègrent parfaitement dans ce schéma directeur. Le tout en poursuivant sa vie quotidienne que l'on prendra soin de ne pas délaisser. Cela demande une énergie pérenne qu'il faut savoir nourrir, conserver, entretenir. Il est donc hors de question que cette énergie soit consommée par d'autres, tant qu'on n'en a pas consenti. Une fuite d'énergie, cette énergie non consentie qui nous échappe, est donc un élément contrariant à une politique d'apaisement d'un conflit. Je cherche à vivre ce conflit de manière apaisée et les outils dont je me suis doté disparaissent au fur et à mesure.

Je me suis chargé en énergie et me voilà tout à plat. Cela est bien contrariant !

L'image du vampire est parfaitement choisie. Que fait le vampire ? Il vit la nuit, dans le noir, les ténèbres. C'est un être du monde obscur. Il est furtif à tel point que son reflet n'apparaît pas sur les miroirs et pourtant séduisant, brillant en société. Sa proie est souvent inconsciente de la morsure subie. Il se nourrit du sang de ses victimes, c'est-à-dire de ce qu'elles ont distillé pour accumuler force et pouvoir. À l'issue, la victime affaiblie et exsangue meurt et se transforme elle-même en vampire. Elle quitte le monde de la lumière pour rejoindre celui des ténèbres.

N'avez-vous jamais rencontré de ces êtres qui vous vident littéralement de votre énergie ? Ils ne sont pas nécessairement conscients de leur attitude mais leur simple présence suffit à vous vider.

Le pire est que le vampire se présente sous les traits d'une personne empathique, généreuse, sensible. Elle émeut et l'on se prend d'affection pour elle. Il se crée un transfert entre le vampire psychique et sa victime consentante. Une seule solution : au minimum s'en écarter, au mieux s'en séparer.

Témoignage : Diane, 48 ans, mariée : « *Depuis que nous avons pris conscience de la relation toxique que nous avions avec Noémie, mon couple revit. Noémie est une amie qui a pris de plus en plus de place dans* *notre vie. Extravertie, exubérante, chaleureuse, attentive, très présente, à tel point que nous n'étions plus un couple avec enfants mais une espèce de trio avec enfants. Nous avons l'impression que Noémie n'avait pas de vie personnelle et nous l'avons envisagée sous un autre jour : envahissante, intrusive, ayant son avis sur tout... Toutes les voies "diplomatiques" ont été tentées pour ne pas la blesser jusqu'à réussir à prendre beaucoup de distance. J'ai moins mal au dos depuis, étrange, non ? »*

Résoudre les conflits

Le procès est une issue du conflit : il impose le recours à un tiers officiellement désigné dans le mode de résolution des conflits qu'est la Justice. Las, le recours à la Justice peut être synonyme d'échec tant les solutions alternatives se seront avérées inefficaces ! Avant d'aborder le recours à un tiers ou les solutions alternatives au procès, voyons dans quelles circonstances l'on peut soi-même intervenir dans un conflit.

Intervenir dans un conflit

Faut-il ou non intervenir si l'on est témoin d'un conflit ? Remettons bien les choses dans leur contexte : j'assiste à une échauffourée en pleine rue, une bagarre oppose deux bandes rivales, je me dois d'intervenir ! Il s'agirait sinon d'une non-assistance à personne(s) en danger ; au-delà des conséquences pénales, les conséquences morales et le fardeau à porter le reste de sa vie sont rédhibitoires. Le remords ronge celui qui comprend de ne pas avoir agi selon sa conscience.

Attention, cependant, à ne pas confondre bravoure et témérité : il ne s'agit pas de mettre inutilement sa vie en danger, mais d'agir utilement. Face à une rixe dans laquelle on risque juste de prendre des coups et de ne rien pouvoir faire, un appel au secours est la meilleure attitude à adopter. Une jeune fille agressée dans les transports en commun alors que l'on est seul et démuni face à une bande de jeunes adultes enragés : on peut déjà tirer la sonnette d'alarme, cela fera venir du secours et fuir les agresseurs…

Comment intervenir dans un conflit plus traditionnel si ce n'est avec tact, à-propos et discernement. Le discernement permet d'évaluer le degré d'urgence de l'intervention, l'à-propos aidera à comprendre si l'on est légitime dans notre intervention, le tact permettra de ne pas blesser par des propos abrupts, donneurs de leçons ou indélicats.

> **Témoignage : Nathalie, 58 ans, cadre dans les ressources humaines, mère et grand-mère :** ***« S'il y a bien une situation qui m'exaspérait alors que j'étais en procès contre mon ex-employeur pour licenciement abusif et harcèlement moral, c'était l'attitude de certaines de mes ex-collègues qui, malgré leur bonne foi, me déversaient tout un tas de "bons conseils" alors qu'elles-mêmes n'osaient rien faire d'une part, refusaient que je cite leur témoignage d'autre part. Le seul recours spontané qui m'a réellement apporté du soutien est celui d'une relation de mon association professionnelle. Il est intervenu d'initiative sans***

complaisance ni pitié et m'a décrit le scénario utile pour mener à bien ma défense et trouver le bon avocat. J'ai apprécié sa neutralité, son souci d'impartialité, sa générosité spontanée. »

Recourir à un tiers

L'intervention d'un tiers constitue un appui dont il est déraisonnable de se passer. Cette intervention sera rarement spontanée ; elle demande une démarche volontaire de la part de celui qui est en voie de conflit.

Recourir à un tiers demande avant tout une grande humilité. On écarte son orgueil, on fait fi de son ego et l'on se répète que seul le conflit sera plus difficile et plus long à gérer, que l'appui d'une personne bienveillante ne traduit aucune faiblesse, bien au contraire, il est courageux d'aller vers l'autre dans ces circonstances de doute et d'hésitation.

Qui peut être ce tiers ? Un ami, un confident, un coach, un thérapeute, un médecin, un guide spirituel, un avocat, un représentant syndical, un responsable hiérarchique… peu importe. Ce qui importe est que ce tiers réponde à quelques critères indispensables : il doit avoir une expérience de la vie (et la jeunesse n'interdit pas cette expérience), demeurer neutre, ne pas être impliqué dans le conflit, n'y avoir aucun intérêt direct ou indirect.

Son intérêt doit résider dans l'aide directe qu'il vous apportera avec franchise et délicatesse. On prendra naturellement garde aux faux amis dont on ne comprend ni l'intérêt ni la légitimité ; les proverbes sont pétris d'expérience : « Les conseilleurs ne sont pas les payeurs », dit-on, surtout si leur conseil est intéressé ou dénué de bon sens.

Pour l'aborder, quelques éléments à retenir :

- Réfléchissez préalablement à ce que vous allez confier, veillez à en faire une présentation objective, débarrasse de tout sentiment, de toute acrimonie ;
- Prenez rendez-vous et précisez la raison de votre entrevue : « *J'aimerais pouvoir m'entretenir avec vous/toi d'un sujet qui me préoccupe et pour lequel vous/tu pourrais m'aider à avancer* » ;
- Convenez du temps à y consacrer, soyez économe du temps des autres, ils ne vous en consacreront que plus d'attention ;
- Demandez à prendre des notes et n'hésitez pas à le faire ; l'émotion modifie souvent le souvenir ;
- Participez en faisant preuve également d'une écoute active ;
- Ne cherchez pas à ce qu'on vous donne nécessairement raison ; bien au contraire, l'effet miroir et contradictoire sont bien souvent plus utiles qu'un acquiescement convenu ;
- Remerciez votre interlocuteur.

Enfin, faites la différence entre conseils et support : l'un vous livrera une expérience et vous orientera vers des solutions, l'autre vous aidera à avancer par vous-même et à traverser la mauvaise passe. Les deux sont les bienvenus, tout est question de personnalité.

Les solutions alternatives au procès

Les Modes alternatifs de résolution des conflits (MARC) concernent habituellement les dispositifs complémentaires aux systèmes étatiques et gouvernementaux. Une manière de déjudiciariser la société, de limiter les frais d'un procès, de désengorger les tribunaux.

- **L'arbitrage** est une approche de justice privée, l'arbitre (un expert le plus souvent) rend une décision qui s'impose aux parties ;
- **La négociation** est une recherche d'accord avec l'aide d'un tiers, le négociateur ;
- **La conciliation** recourt à un conciliateur (auxiliaire de Justice assermenté) dont la solution est inspirée par le droit et la morale ;
- **La médiation** (le médiateur des entreprises, par exemple) conduit à la même issue mais en dehors de toute influence juridique, morale et culturelle.

Ces techniques alternatives s'inspirent de modèles qui ont toujours existé : le recours au sage, au sachant, au conseil des anciens est connu de toutes les civilisations, parallèlement à la Justice civile ou pénale.

Quoi qu'il en soit, l'objectif est le même : aboutir à une résolution d'un conflit dans le meilleur intérêt des deux parties.

La négociation est indissociable du conflit. Les conflits entre pays ont conduit à la création d'administrations entières dédiées à cet exercice : les ministères des Affaires étrangères développent l'art de la diplomatie, cette forme sublimée de la négociation. Les commerciaux négocient des contrats avec finesse et âpreté. Les entreprises recourent de plus en plus aux coaches pour aider à gérer les conflits internes.

« Un mauvais arrangement vaut mieux qu'un bon procès »,
dit l'adage populaire.

Témoignage : Suzy, 54 ans, cadre commercial : *« J'ai refusé de négocier avec mon employeur lorsque je l'ai attaqué aux prud'hommes. Je n'avais pas encore fait mon deuil de ce poste, j'étais en colère. Il a fallu dix ans de procès, d'appel, de cassation pour finalement voir mon action légitimement reconnue. Cela m'a épuisée et je n'ai pourtant rien gagné si ce n'est de toucher, dix ans après, la même somme que celle qui* *m'avait été proposée initialement. Somme à laquelle il faut retirer les frais d'avocat, mon temps passé et la plus-value que cette somme initialement versée aurait pu me rapporter... »*

Le conflit est en effet soit l'issue d'une négociation non aboutie, soit l'occasion de choisir la voie de la négociation. La négociation demande que les parties se parlent soit directement, soit par tiers interposés ; le recours à ces derniers (avocats, conseils, membres de la famille…) aura pour bénéfice d'apporter une couche de sérénité et de recul nécessaire à une bonne négociation.

« *J'ai gagné mon divorce* », dira l'un ; « *J'ai gagné face à mes sœurs et frères dans le procès en héritage qui nous opposait* », dira l'autre… Qu'ont-ils réellement gagné ? C'est peut-être la seule vraie question à se poser.

Négocier est une action positive : chacun agit d'un intérêt commun, celui de trouver un accord qui satisfera les deux parties, dans une démarche « gagnant-gagnant ». Dans un conflit, on peut comprendre la volonté de gagner ; mais ce que l'un perd, l'autre le gagne-t-il pour autant ?

Pratiquement jamais ; la voie de la négociation est donc une voie tout à la fois plus sereine et plus satisfaisante.

Se reconstruire après un conflit

Débriefer

Le conflit terminé, il est temps de faire un point sur la manière dont on a traversé la situation, de « débriefer ». La situation traversée est une tranche de vie dont on cherchera à tirer une expérience positive. Une analyse à froid, rigoureuse et honnête permettra de revoir ce qu'il s'est passé et d'en tirer une leçon.

Exercice

- S'asseoir sur un siège confortable, baisser la tête, fermer les yeux et projeter son corps à travers le sol en imaginant une ligne descendant progressivement du haut du corps jusqu'à la plante des pieds. Un fourmillement accompagne le mouvement virtuel. Lorsque tout le corps fourmille, faire le vide dans son esprit. Après un moment que l'on aura estimé durer cinq minutes, faire remonter la ligne jusqu'au sommet du crâne, ouvrir les yeux et respirer amplement une dizaine de fois. On se sent alors léger, prêt à ouvrir sa réflexion sur un sujet particulier.

Exercice (suite)

- Au milieu d'une feuille de papier, tirer un trait vertical. Choisir une colonne « Plus » et une colonne « Moins ». Très rapidement, y écrire tout ce qui vous passe par la tête et qui a trait au sujet choisi, en l'occurrence : qu'ai-je vécu de positif et de négatif durant le conflit traversé ? Sur une autre page, répondez à la question suivante : « Comment agir la prochaine fois ? », puis allez chercher dans les colonnes + et – des éléments de réponse.

La seconde étape consistera à s'offrir la récompense promise. En traversant la période de conflit, chacun aura pris le soin de se projeter dans l'avenir et de s'offrir une récompense à terme. Une méthode simple et efficace qui permet de positiver tout au long du conflit et de se donner un objectif secondaire qui illumine l'avenir.

Témoignage : Olivier, 55 ans, chef d'entreprise : ***« Je pratique la méthode depuis que je suis adolescent ; je l'ai intuitivement acquise en passant mes premiers examens. Pour mon brevet, je m'étais promis une balade d'une semaine en canoë avec des copains. J'ai convaincu mes parents, entraîné mes potes, et durant toutes mes révisions, chaque fois que cela était un peu difficile, je pensais rivière, camping, pêche au bord de l'eau. L'obstacle est passé sans difficulté. J'ai appliqué cette méthode à tous les instants cruciaux de ma vie***

mais également aux plus simples : rendez-vous chez le dentiste, promesse d'un ciné, par exemple. J'ai traversé un divorce difficile il y a quelques années, divorce dont je ne suis pas sorti "vainqueur" tant j'y ai laissé des plumes. Pour marquer le terme, je me suis offert une semaine dans le sud de l'Italie en septembre. Lorsque je pense à ce divorce, j'y associe des images de détente et de lecture en bord de plage, de plats délicieux et de couchers de soleil. Ils sont loin les souvenirs de disputes et les rendez-vous au Palais de Justice ! »

L'ancrage énergétique d'une situation douce et agréable permet d'effacer le sentiment douloureux des moments passés à combattre.

Positiver l'expérience

On ne sort jamais indemne d'un conflit. Un conflit fragilise, remet en question, fatigue. L'issue apparaît souvent comme un terme et entraîne dans de nombreux cas l'apparition d'un sentiment d'abandon.

Porté par le conflit durant des semaines, des mois, des années, sa résolution s'est mutée en un parcours de vie. Le terme du conflit crée un vide et prend l'apparence d'un deuil et ses cinq étapes principales :

- **choc et déni** : ce n'est pas possible, il y a encore une issue, il faut faire quelque chose, je ne peux pas accepter cela ;

- **colère** : les contradictions sont au point le plus intense : on se sent coupable, on cherche un bouc émissaire, un responsable, on a été mal conseillé, on est nul, on va trouver une solution alternative imparable ;
- **négociation** : on va essayer de discuter, de revenir sur les décisions prises, allez, on peut revoir le sujet, non ?
- **dépression et douleur** : tout est fini, pas d'autre issue, autant se laisser aller, on n'a jamais été aussi nul et inutile ;
- **acceptation** : on a compris et enfin accepté, on peut pardonner le cas échéant puis passer à une autre étape, se projeter dans l'avenir.

Le fait de ne pas accepter le terme de ce conflit, de continuer à vivre l'injustice accroît la longueur de la phase de deuil, la rend difficile à confronter. Cette phase du deuil sera d'autant plus facile à vivre que l'issue du conflit aura été claire et acceptée ; ce qui à terme permet de mieux comprendre la nécessaire implication de soi dans le processus de gestion du conflit.

Il reste à choisir la meilleure voie pour poursuivre et aller de l'avant, après fatigue et remise en question permanente, celle de la reprise de confiance en soi. Quelle que soit l'issue du conflit, vous n'êtes plus le (la) même. Vous avez gagné en expérience, affronté une situation complexe, tendue, fatigante et vous en êtes sorti(e). Vous avez eu le courage d'affronter vos détracteurs.

Cette attitude est salutaire et positive, soyez-en convaincu(e). Vous avez pris votre vie en mains pour aller plus loin. Vous êtes sur une voie qui vous conduira de plus en plus loin. Relisez *Le Petit Prince* de Saint-Exupéry, vous y trouverez de nombreuses clés déterminantes dont ces deux phrases : « La fin d'une chose marque le commencement d'une nouvelle » et surtout : « Fais de ta vie un rêve, et d'un rêve, une réalité. »

Exercice

Durant les trois semaines suivant le terme du conflit, avant de vous coucher le soir, isolez-vous et énumérez les points positifs de votre changement de vie apparus durant la journée ; prenez-en note. Vous serez rapidement surpris(e) de voir comment la liste s'allonge rapidement.

Se projeter

L'action vous aura permis de traverser le conflit et d'aboutir. Rien n'est acquis pour autant ; d'autres conflits apparaîtront peut-être dans le futur. L'expérience n'éclaire que le chemin parcouru, mais ce chemin parcouru aidera à se préparer pour affronter de nouveaux conflits.

Un militaire connaît les vertus de l'exercice, un magistrat reconnaît que les premières plaidoiries pleines de fougue du jeune avocat n'ont pas le poids du plaideur confirmé. Celui qui prendra le temps de débriefer son expérience récente, de décortiquer les phases de la période de conflit qu'il a traversée, d'y jeter un œil critique et objectif, celui-ci dégagera des pistes de valorisation. L'expérience acquise lui servira face à de nouveaux conflits mais également au quotidien pour affronter les tracas et pour mûrir sa réflexion.

Quelle que soit l'issue du conflit, que l'on ait « gagné » ou « perdu », on y aura nécessairement gagné une nouvelle expérience. Cet acquis doit être valorisé et apportera une plus grande confiance en soi !

Témoignage : Ange, 35 ans, agriculteur, célibataire : *« Un conflit de bornage m'opposait à l'un de mes voisins depuis des années. Le conflit s'est éternisé, je jouais la montre tant que je pouvais, un peu par jeu, un peu par vice, soyons honnête ! Le tribunal a donné raison à mon voisin. J'ai perdu et pourtant, je n'en tire aucune déception. Bien au contraire, la situation s'est éclaircie, je me sens mieux, comme libéré d'un poids. Mes relations avec mon voisin sont sobres, bonjour-bonsoir, mais sans acrimonie dorénavant. J'ai découvert un mode de fonctionnement que je ne connaissais pas, moi qui appréhendais tout ce qui avait un caractère administratif. Ça m'a donné du courage pour aller voir un courtier et recherché un prêt bancaire ; je me mets au bio et j'agrandis une partie de mes locaux. Merci, voisin ! »*

Au terme du conflit, la phase de deuil – le cas échéant – puis de revalorisation de soi et de gain en confiance en soi étant passée (ou du moins bien entamée pour cette dernière), il est nécessaire de se projeter dans l'avenir. Le vide laissé par le conflit terminé doit être bouché rapidement, soit par le repositionnement d'objectifs préalables (professionnel, familial, de santé), soit par une nouvelle option dont une grande phase de repos nécessaire et bien souvent oubliée.

Ensuite, il est temps de découvrir que l'on a – tout à la fois – mené une vie normale et consacré du temps à un conflit. Cela permet de réfléchir à la manière dont on peut dorénavant organiser sa vie autrement.

« *La fin d'une chose marque*
le commencement d'une nouvelle »,
Antoine de Saint-Exupéry

Et si la fin du conflit était le début d'une nouvelle vie ? Et si cela permettait d'aller plus loin, plus haut ?

Témoignage : Magali, 32 ans, esthéticienne : *« Lorsqu'on me demande si j'ai refait ma vie depuis mon divorce, je réponds : "On ne refait pas sa vie, on la poursuit !" En revanche, j'ai enrichi ma vie d'un nouveau compagnon, mais aussi de nouvelles passions que je pensais inaccessibles, il y a cinq ans... »*

Conclusion

Le conflit est dans la nature de l'Homme, certes, mais l'Homme dispose également de cette capacité de réflexion, de libre arbitre qui lui permet de choisir tout ou partie de son destin. Subir le conflit, sans s'impliquer, sans agir, renoncer à la part de combativité qui sommeille en chacun de nous revient à perdre une partie de soi.

À l'opposé, celui qui vit le conflit permanent est dans une situation bien triste dans laquelle il lui appartiendra de s'interroger sur sa propre interaction avec cette situation qu'il supporte sans la maîtriser ; quelles valeurs véhicule-t-il ? Quelle vie pourrait-il vivre sinon ?

Le conflit se définit dans sa temporalité : une image figée, qui pourrait être le tableau de la scène accroché au mur d'un musée, n'est qu'une prise instantanée d'un conflit. Ce dernier est mouvant, entraîne de nombreux acteurs directs ou indirects. Nos proches souffrent de nos conflits, de leurs conséquences.

Connaître les sources des conflits, comprendre comment ils naissent et croissent, en déterminer les éléments de maîtrise sont autant d'atouts qui permettent d'en rechercher l'apaisement ; cette démarche concourt à vivre en sérénité tant pour le protagoniste du conflit que pour ses proches, impliqués ou non.

> *« L'homme de bien ne se dispute*
> *avec personne et, autant qu'il le peut,*
> *en empêche les autres »,*
> **enseignait déjà Épictète** [12].

N'est-ce pas ainsi que nous aimerions vivre ? Alors, qu'attendons-nous ? Si chacun y met du sien, le progrès de tous sera notable. Prenons-nous en main, faisons le premier pas et dirigeons-nous vers un monde plus serein aux conflits apaisés !

Remerciements

À toute l'équipe des Éditions Jouvence qui, depuis notre première rencontre, me soutient avec professionnalisme et bienveillance sous l'impulsion éclairée de Jacques Maire et Charlène Guinoiseau-Ferré.

À tous mes lecteurs et lectrices qui, à chaque nouvel ouvrage, me donnent le courage de franchir le cap de la page blanche.

Aux libraires qui m'accueillent d'une séance de dédicace à l'autre.

À ma famille et mes amis pour leur soutien indéfectible.

Bibliographie

AIMELET Aurore, *Oser le conflit pour mieux s'entendre*, Hachette, 2009.

CARRE Christophe, *50 exercices pour résoudre les conflits sans violence*, Éditions Eyrolles 2018.

CLERGET Stéphane, *Les Vampires psychiques : comment les reconnaître, comment leur échapper*, Fayard, 2018.

DORAT Alain, *Construire un couple conscient*, Éditions Jouvence, 2018.

FEBO Alex, *Les 5 clés pour gérer les conflits au travail*, Éditions Dunod, 2015.

FREUND Julien, *Sociologie du conflit*, PUF, 1983.

GALLO Latifa, *Les 50 Règles d'or de la gestion de conflits au travail, à la maison*, Collection Les mini, Éditions Larousse, 2016.

GUILLAUME-HOFNUNG Michèle, *La Médiation*, « Que sais-je ? », PUF, n° 2930, 2015.

HATRON Pierre-Yves, *Asthénie-Fatigue*, Masson, 2006 (ouvrage collectif).

KARPMAN Stephen, *Le Triangle dramatique*, InterÉditions, 2017.

LABORIT Henri, *Éloge de la fuite*, Folio essais, Éditions Gallimard, 1985.

LAFON Robert, *Vocabulaire de la psychopédagogie et de psychiatrie de l'enfant*, PUF, 1963.

LASCOUX Jean-Louis, *Pratique de la médiation, une méthode alternative à la résolution des conflits*, Éditions ESF, 2017.

LAURUT Didier, *De la haine de soi à la haine de l'autre*, Albin Michel, 2015.

MONNET Helen, *Se libérer des relations toxiques*, Éditions Jouvence, 2019.

PICARD Dominique et MARC Edmond, *Petit Traité des conflits ordinaires*, Éditions du Seuil, 2006.

ROSENBERG Marshall B., *La Communication NonViolente au quotidien*, Éditions Jouvence, 2017.

RUIZ Miguel Don, *Les Quatre Accords toltèques*, Éditions Jouvence, 2016.

SAINT-EXUPÉRY Antoine de, *Le Petit Prince*, Folio, Éditions Gallimard (première édition 1943).

SARTRE Jean-Paul, *Huis clos*, Folio, Éditions Gallimard (première édition 1943).

Notes

1. Attribuée à Alexander Fleming, 1928.

2. *Les Lois*, IVe siècle avant J.-C.

3. *Mon Beauf*, paroles Renaud Séchan, 1982.

4. Cf. à ce sujet, du même auteur, même éditeur, *Dépasser son sentiment d'insécurité*.

5. Médecin et psychanalyste français, 1901-1981.

6. *Dix Épines pour une fleur* (1853).

7. Étienne Chatilliez, réalisateur et scénariste français entre autres du film *La Vie est un long fleuve tranquille*, 1988.

8. *Les Maximes et pensées*, Honoré de Balzac, (1856).

9. Don Miguel Ruiz, *Les Quatre Accords toltèques*, Éditions Jouvence, 2016.

10. *L'Art de la guerre*, Sun Tzu, Chine, période des Printemps et Automnes, soit 771-453 avant J.-C.

11. *Les Ressources de Quinola*, IV, 7, Honoré de Balzac (1842).

12. Philosophe stoïcien grec, 50 à 125/130 après J.-C.

Dépôt légal : octobre 2019

Achevé d'imprimer en octobre 2019

Imprimé en Espagne par CPI Black Print